KB199888

행복한 부부 생활의 가장 중요한 근원은 '기쁨'이다. 기쁨의 용량이 충만하면 부부 생활도 기쁨이 넘치게 되지만, 기쁨의 용량이 줄어들면 행복한 부부 생활은 불가능하다. 이 책은 기쁨 충만한 부부 생활의 실제적인 방법들을 제시한다. 함께 놀고, 배우자의 감정에 귀를 기울이고, 매일 감사하며, 기쁨과 쉼의 리듬을 기르는 방법들은 부부 관계를 기쁨이 충만한 상태로 변화시킬 것이다. 이 방법들은 세계적인 신경신학자인 짐 와일더 박사가 개발하고 검증한 관계적 뇌기술 훈련에 근거한다. 실제로 온누리교회에서는 2015년부터 이 책의 내용처럼 기쁨에 초점을 맞추어 회복사역을 펼쳐 왔으며, 이로 인해 위기에 처한 수많은 가정이 회복되고 부부 관계가 한층 견고해지는 것을 목도했다. 기쁨 가득한 부부 생활을 꿈꾸는 모든 분에게 이 책을 자신 있게 추천한다.

이기원 목사
온누리교회 회복사역본부장

이 책은 '결혼하기를 잘했다!'는 생각이 들게 만드는 다양한 기쁨 활동들에 초점을 맞추고 있다. 나는 두 저자를 거의 20년 동안 알고 지냈다. 코시는 사람들에게 기쁨과 회복력을 키워 주는 관계 기술들을 훈련시키는 일에 온 힘을 쏟고 있다. 워너는 그리스도를 닮아 가는 변화라는 오직 한 우물을 파고 있다. 이제 이 두 사람이 함께 부부 관계를 단순한 커뮤니케이션 해법만으로는 불가능한 수준으로 끌어올려 주는 책을 써냈다. 관계적인 뇌를 활성화하는 이 책의 네 가지 습관들은 일회성의 수련회로는 불가능한 최상의 가정을 만들어 준다. 그렇다고 가정에 다시는 아무런 문제가 없을 것이라는 뜻은 아니다. 하지만 문제가 생겨도 금세 회복할 수 있는 관계가 된다. 기쁨을 회복하라. 혹은 그동안 누리지 못했던 기쁨을 찾으라!

짐 와일더
인생모델웍스(Life Model Works) 설립자, 신경신학자

아내와 함께 끝까지 읽어 보았는데 하나같이 다 참으로 옳은 말이다. 그렇다. 기쁨이 열쇠다! 그리고 가정의 기쁨을 회복하는 일은 얼마든지 가능하다. 친밀함을 회복해 심지어 함께 놀기까지 할 수 있다. 이 책을 읽으라!

존 엘드리지

《와일드 하트》 저자

모든 부부 사이에서 연결과 회복력, 기쁨을 키워 주는 최고의 관계 영양보조제! 이 책에서 워너와 코시는 뇌과학이라는 복잡한 학문을 '소화하기' 쉽게 잘게 쪼개서 먹여 준다. 경고: 이 책에서 소개하는 활동들은 옥시토신과 도파민, 세로토닌 수치를 크게 높여 주는 것으로 알려져 있다. 친밀함이 더할수록 부부 사이가 만족스럽고 편안해지며 웃음이 잦아진다. 한마디로, 가정에 기쁨이 가득해진다. 최고조에 달한 기쁨은 전염성이 강하며, 기쁨의 습관으로 이어진다는 점을 기억하길 바란다.

린 워커

커뮤니티리폼드교회(Community Reformed Church) 여성사역 책임자

매일 단 15분으로 당신의 가정을 변화시킬 수 있다. 코시와 워너는 부부의 삶의 방향을 형성하고 부부 관계의 질을 높여 주는 네 가지 단순한 리듬을 보여 준다. 적절한 이야기들은 감동과 이해를 더해 주고, 실질적인 활동들은 뇌과학을 기반으로 한 각 습관을 실질적으로 키워 준다. 이 활동이 놀이로 시작된다는 점이 정말 마음에 든다. 그리고 모든 부부가 감정에 귀를 기울이는 습관을 기르면 우리 치료사들은 일거리를 잃겠지만 얼마든지 감수하겠다. 습관에 관해 쓴 장만으로도 이 책은 돈을 지불할 가치가 충분하다. 이 책을 소개해 주고 싶은 부부들이 너무도 많다. 수많은 소그룹들이 이 책을 통해 가정과 공동체를 풍요롭게 꽃피울 것을 생각하니 웃음이 절로 나온다. 가정을 변화시키고 싶다면 이 책을 펼치라. 최상의 관계는 늘 대화하려는 의지에서 비롯하기에 이 책을 전심으로 추천한다. 이 책이 그런 의지를 뒷받침해 줄 것이다.

존 로프나우, 성심 로프나우 부부

프레즌스앤프랙티스(Presence and Practice) 설립자

뜬구름 잡는 소리가 아닌 행복한 가정을 위한 실질적인 방법을 찾고 있다면 이 책을 강력하게 추천한다. 워너와 코시가 관계를 꽃피우기 위한 단순하고도 쉬운 방법을 알려 주는 책을 써냈다. 이 책은 철저히 신경과학의 관계적 원칙들을 바탕으로 기쁨 가득한 가정의 네 가지 핵심적인 습관을 규명하고 파헤친다. 이 원칙들을 실질적으로 적용해 기쁨의 습관들을 키우고 관계를 강화시킬 전략들을 소개한다. 부부가 실제로 이런 습관을 기를 수 있는 활동이 많다는 점이 이 책의 최대 강점 가운데 하나다. 각 활동이 단계별로 정리되어 있어 더 행복한 부부 관계를 원하는 남편과 아내들에게 훌륭한 청사진이 되어 준다.

에드 코리

이큅핑하츠(Equiiping Hearts) 대표

이 책은 오랫동안 변함없는 사랑을 이어 가는 부부들의 비결을 실질적으로 분석한 책이다. 놀이와 경청, 감사, 리듬, 이렇게 네 가지를 강조해서 간단하면서도 효과적이다. 코시와 워너는 '스라이브 트레이닝'THRIVE Training의 열아홉 가지 뇌 기술들을 네 가지 핵심적인 습관들로 응축했다. 이 습관들은 두려움의 관계에서 기쁨의 관계로 변화해 가는 데 매우 중요한 열쇠다. 나는 배우자와의 사이에서 이 습관들의 힘을 직접 경험했다. 이 활동들을 하면서 아내와 깊이 연결되는 경험을 했다. 깊은 기쁨의 순간들이 찾아왔고 우리의 관계가 완전히 변했다. 인생에서 기쁨과 친밀한 연결이 가장 중요한 것임을 너무도 쉽게 잊어버린다. 그래서 이런 책이 필요하다. 서로 함께하고 서로에게 관심을 갖게 해 주는 좋은 이야기와 명쾌한 지침, 실질적인 방법이 가득한 책. 인간이라면 누구나 누려야 할 기쁨을 되찾고 절대 놓치지 않도록 도와주는 책이다.

찰스 스폴스트라

그레이스미니스트리인터내셔널(Grace Ministries International) 제자훈련 상담자

하루 15분,
부부의 시간

The 4 Habits of Joy-Filled Marriages

하루 15분, 부부의 시간

지은이 | 마커스 워너, 크리스 코시
옮긴이 | 정성묵
초판 발행 | 2020. 6. 17
4쇄 발행 | 2023. 7. 18
등록번호 | 제1988-000080호
등록된 곳 | 서울시 용산구 서빙고로65길 38
발행처 | 사단법인 두란노서원
영업부 | 2078-3333 FAX | 080-749-3705
출판부 | 2078-3332

책값은 뒤표지에 있습니다.
ISBN 978-89-531-3767-7 03230

독자의 의견을 기다립니다.
tpress@duranno.com www.duranno.com

두란노서원은 바울 사도가 3차 전도 여행 때 에베소에서 성령 받은 제자들을 따로 세워 하나님의 말씀으로 양육하던 장소입니다. 사도행전 19장 8-20절의 정신에 따라 첫째 목회자를 돕는 사역과 평신도를 훈련시키는 사역, 둘째 세계선교™와 문서선교 단행본·잡지 사역, 셋째 예수문화 및 경배와 찬양 사역, 그리고 가정·상담 사역 등을 감당하고 있습니다. 1980년 12월 22일에 창립된 두란노서원은 주님 오실 때까지 이 사역들을 계속할 것입니다.

뇌과학을 활용하는
작지만 강력한 부부 습관

하루 15분,
부부의 시간

마커스 워너, 크리스 코시 지음

정성묵 옮김

두란노

이 책을 우리 아내들,
브렌다 워너와 젠 코시에게 기쁜 마음으로 바칩니다.
요즘 같은 세상에 함께 늙어 가고 싶은
평생의 반려자가 있다는 것은 드문 일이지요.
우리는 둘 다 그런 아내를 찾았습니다.
사랑하는 아내와 인생을 함께하니
기쁘기가 그지없습니다.

CONTENTS

Part 1

천국과 지옥을 넘나드는 부부의 나날

살수록 싱글싱글한 부부,
 살수록 징글징글한 부부

Part 2

사랑이 자라는 '작지만 강력한' 네 가지 습관

하루 15분,
부부 사랑에 물을 주라

하루 15분,
기쁨이 차오르는
부부만의 시간

최근 뇌과학 분야에서 밝혀낸 매우 놀라운 사실 가운데 하나는 인생에서 기쁨보다 더 강력한 동기 유발 요인은 없다는 것이다. 기쁨이 연료가 될 때 두뇌 회전이 가장 잘된다는 것은 대부분의 사람들이 인정하는 사실이다.[1] 하지만 기쁨이 행복한 결혼 생활을 영위하는 열쇠라는 생각은 잘 못해 봤을 것이다. 불화를 겪던 젊은 부부 스티브와 레베카도 그러했다.[2]

늘 근심 걱정에 시달리며 살던 레베카는 어떻게 해야 근심 걱정에서 자유로울 수 있는지 답을 찾고 싶어 관련 책자도 한 보따리 사서 보고, 세미나란 세미나는 거의 다 쫓아다녔다. 하지만 이렇다 할 효과는 없었고, 그러는 사이에 절망감은 깊어 갔다.

부부 사이도 날로 더 나빠져만 갔다. 스티브와 레베카 둘 다 이대로는 안 된다고 생각하면서도, 관계를 회복해 보려던 이런저런 몇 번의 시도가 무위로 돌아가자 그 뒤로는 아예 손을 놓아 버렸다. 그렇게 부부 사이는 계속해서 멀어져만 갔다. 두 사람 다 자신들의 관계가 벼랑 끝으로 치닫고 있음을 잘 알고 있었다.

그러던 어느 날 레베카는 크리스 코시가 강연하는 뇌

과학과 기쁨에 관한 콘퍼런스에 참석했다. 콘퍼런스에서는 뇌과학 분야에서 최근 발견된 연구 결과를 바탕으로 개발한 기쁨 훈련을 하루에 15분만 시간을 내서 하면 가정에 기쁨이 돌아온다고 주장했다. 레베카는 흥미를 느끼면서도 곧이곧대로 믿어지지가 않았다. 물론 가정에 사라졌던 기쁨이 돌아온다는 것은 생각만 해도 좋은 일이었다. 기쁨 넘치는 가정을 원하지 않는 사람이 어디에 있겠는가. 그렇다 해도 강사들의 주장은 아무래도 신빙성이 없어 보였다.

하지만 스티브와 레베카 부부는 어차피 궁지에 몰린 상태라 시도해 봐서 손해 볼 일은 없다고 판단했고, 콘퍼런스에서 배운 '기쁨 활동'joy practice 이라는 것을 매일 함께 해 보기 시작했다. 결과는 너무도 뜻밖이었다. 날마다 하는 15분의 기쁨 활동은 이들 부부를 놀랍게 변화시켰다. 기쁨과 평안이 찾아오고 근심 걱정이 줄어드는 것을 느낀 레베카는 점점 희망을 키워 갔다. 스티브도 경계심을 풀고 자신의 생각과 두려움, 문제점을 아내에게 솔직히 털어놓기 시작했다.

신경질적인 태도와 다툼은 점점 줄어들었다. 그들은

둘이 함께하는 것이 혼자서 텔레비전이나 다른 어떤 것을 즐기는 것보다 훨씬 즐거울 수 있다는 사실에 깜짝 놀랐다. 기쁨을 키우기 위해 매일 실천했던 작은 단계들이 부부 사이를 변화시켰고, 부부의 '정서적 역량'emotional capacity이 꾸준히 커졌다.

기쁨, 정서적 역량의 열쇠

사람의 정서적 역량은 기쁨과 직접적인 연관이 있다. 정서적 역량이란 힘든 감정이나 혹은 힘든 상황으로부터 회복되는 능력을 말한다. 사랑에 빠지면 정서적 역량이 치솟는다. 기쁨이 샘솟아 하루 종일 싱글벙글한다. 그런가 하면 기쁨이 바닥을 쳐서 누워 있던 이부자리에서 기어 나올 힘조차 없는 날도 있다. 기쁨은 정서적 역량의 열쇠다. 기쁨이 가득하면 삶의 모든 면이 좋아진다.

기쁨이 넘치면 가정도 평안해진다. 불행하게 살려고 결혼하는 사람은 세상 어디에도 없다. 다들 사랑하는 사람과 기쁘게 살려고 결혼을 한다. 하지만 누구나 느끼듯이 살다 보면 기쁨은 손에 잡힐 듯 잡히지 않는 바람과도 같다. 우리는 무엇이 기쁨을 일으키는지, 기쁨이 사라질 때 어떻게 되살려야 할지를 전혀 모른다. 바로 이것이 이 책이 다루려는 문제다. 이 책에서 크리스 코시와 나는 기쁨 넘치는 가정을 이룰 수 있는 분명한 길과 이를 도와줄 다양한 뇌과학적 활동들을 제시하고자 한다.

이 책의 올바른 사용법

부부 사이에 더 깊은 친밀함을 누리고 함께 행복하게 살기를 원하는가? 그렇다면 이 책이 당신 가정이라는 배의 돛에 불어오는 순풍이 되어 줄 것이다. 설령 이보다 더 사이좋을 수 없는 이상적인 가정이라도 가끔은 약간의 도움이 필요하다. 이 책 내용과 여기 소개한 여러 활동들이 당신 가정의 수준을 한 단계 더 끌어올려 줄 귀중한 지침이 되리라 믿어 의심치 않는다.

우리는 독자들이 이 책을 읽으면서 직접 활동을 해 보도록 구성했다. "나"가 들어 있는 문장을 비롯해 특별히 따로 언급하지 않는 글은 마커스 워너가 쓴 것이고, 크리스 코시는 이 책에서 소개하는 각종 기쁨 활동들을 개발했다. 2부에서 본격적으로 부부가 주중에 함께 실천할 이 기쁨을 북돋우는 활동들을 추천할 것이다. 이중에서 하루에 최소한 한 가지 활동을 직접 하기 바라며, 같은 활동을 자유롭게 반복해도 좋다.

이 책을 읽으면서 하루에 15분씩 투자하면 누구나 부부 사이가 좋아지고 회복되는 경험을 할 수 있을 것이다. 60일 혹은 90일 동안 지속하면 가정 안에 기쁨을 낳는 습관이 부부의 몸에 배일 것이다. 아내와 함께 이 습관을 들인 남편들은 하나같이 가정 안에서 안정감을 느끼고 불안감이 줄어들었다고 고백했다. 아내들도 마찬가지다. 아내들도 남편에게 더 사랑받는 기분이 들었다고 고백했다.

시작하기 전에 일러둘 것이 있다. 이 습관을 들인 한 남편은 이렇게 고백했다. "나는 집에서 일을 하는 직업인데, 낮에도 아내와 침대에서 보내는 시간이 너무 많아서 도무지 일을 할 수 없는 지경이라 이 기쁨 활동들을 자제해야 할 정도였다."[3]

나는 분명 경고했다.

Part 1

천국과 지옥을 넘나드는 부부의 나날

살수록 싱글싱글한 부부,
살수록 징글징글한 부부

1.

'같이 있으면서도
외로운' 순간이
잦아진다면

— 우리 부부는 무엇으로 사는가

아내 브렌다와 나의 러브스토리는 처음에는 전혀 러브
스토리처럼 보이지 않았다. 우리는 2년간 알고 지낸 뒤에
야 첫 데이트를 했다. 그전까지는 서로를 한 번도 이성으
로 생각하지 않았다. 무엇보다도 당시 아내는 다른 사람
과 진지한 만남을 이어 가고 있었다. 게다가 나는 아내를
가르치는 교수였기 때문에 아내는 내게 일종의 '접근 금지'
대상이었다. 나는 스물다섯 살에 대학에서 강의를 시작하
면서 학생과는 절대 사귀지 않겠다고 결심한 터였다.

아내와의 진지한 만남은 전혀 뜻밖의 상황에서 찾아
왔다. 내가 지역 교회에서 청년 소그룹을 만든 것이 계기
였다. 당시 아내는 다른 대학생들의 영적 생활을 지도하
는 리더이자 예배를 섬기는 밴드의 리더였고, 자연히 나
는 아내를 우리 팀에 초대했다. 그러고 나서 오래지 않아
내가 아내와 함께하는 모임 시간을 얼마나 고대하는지
깨달았다. 나는 그제야 아내를 향한 내 마음을 알았다.

아내와 데이트할 때 얼마나 기뻤는지 지금도 생생히 기
억이 난다. 사랑에 빠지니까 그렇게 행복할 수가 없었다.

함께 웃었던 날들을 헤아려 보라

사랑은 선택이라는 말을 들어 본 적이 있을 것이다. 이는 엄밀히 말하면 틀렸다. 사랑은 애착attachment이다. 사랑은 좋을 때나 나쁠 때나 변함없는 유대감이다. 사랑의 행동을 하기로 선택하거나 친절한 행동을 하기로 선택할 수는 있다. 하지만 사랑을 느끼는 것은 선택할 수 있는 문제가 아니다. 사랑의 감정은 부부 사이에 기쁨이 스며들수록 저절로 강해지고 자라난다.

사랑에 빠지면 무엇보다도 기쁨이 샘솟는다. 누군가와 사랑에 빠지면 뇌에서 기쁨이 폭발해 도파민이나 옥시토신 같은 호르몬이 활발하게 분비된다.[1] 그러면 웃지 않고는 배길 수가 없다. 평생 사랑하며 사는 부부는 기쁨 수준을 높게 유지하는 기술을 터득한 부부다. 반대 경우도 성립한다. 기쁨 수준이 낮으면 가정이 위태로워진다. 사랑이 식는 것은 무엇보다도 기쁨이 사라진 탓이다.

'기쁨의 갭'이란 함께 기쁨을 나눈 순간들 사이의 시간 간격이다. 이 간격이 너무 벌어지면 부부 사이에 거리가 생겨서 함께 있으면서도 외로움을 느낀다. 기쁨의 갭

이 넓어질수록 작은 문제(어느 가정에나 문제는 있다)에도 가정이 걷잡을 수 없이 흔들린다. 기쁨의 갭이 '크게' 벌어진 가정에서는 갈등이 심각해서 부부 관계를 회복할 수 있다는 희망을 놓아 버린다.

또한 기쁨의 갭은 부부 사이의 친밀함을 앗아 갈 뿐 아니라 그 공백을 심지어 분노로 채운다. 서로를 더욱 멀어지게 만드는 나쁜 습관들이 하나둘 나타난다. 사랑이 식은 기분을 느끼기 시작한다. 어느 날 아침 잠에서 깨어나 느닷없이 "나는 더 이상 배우자를 사랑하지 않아"라고 말하는 사람은 없다. 심한 고통과 분노, 나쁜 습관들로 기쁨의 갭이 점점 벌어지면서 사랑은 서서히 식는다.

우리 부부는 결혼 11년째에 접어들면서 갈등이 시작되었다. 아내는 나와의 사이에서 관계적인 부스러기만 먹고 사는 것같이 느껴졌다. 끝없는 일에 치인 나는 집에 오면 아이들과 놀거나 텔레비전을 보면서 스트레스를 풀었다. 아내에게는 눈길도 잘 주지 않았다. 그러다 보니 우리의 기쁨의 갭은 나날이 벌어졌다.

어느 날 아내와의 데이트가 엉망으로 끝나기 전까지는 우리 부부의 기쁨의 갭이 그렇게나 벌어져 있었는지 미처 알지 못했다. 식사를 마치고 나서 부부 관계에 몇 시간을 투자했다는 뿌듯함에 젖어 있는 내게 갑자기 아내가 폭탄 발언을 했다. 아내는 우리 사이가 회복이 도저히 불가능할 정도로 망가졌다고 말했다. 그러면서 아내는 자신이 창살로 막힌 동굴 속에서 살고 있으며 나는 그 동굴 앞에서 자신에게 등을 돌리고 서서 다른 사람들에게만 시선을 주고 있다고 토로했다.

그런 말을 들으면 미안한 마음이 생겨야 하건만 나는 오히려 화가 났다. 어떻게 나를 그렇게 생각할 수 있는지 억울했다. 나는 사과하는 대신 변명을 했고, 결국 그날 밤은 훈훈한 분위기로 끝날 수 없었다. 우리 가정에 문제가 있는 것이 분명했는데 그 문제의 실체를 알 수가 없었다. 당시 나는 기쁨의 갭이라는 표현을 들어 본 적도 없었다.

도움이 가장 필요했던 순간, 짐 와일더를 만나 뇌과학

과 기쁨에 관한 심오한 가르침을 처음 접하게 되었다. 우리 부부에게 일어난 가장 좋은 일이 뭐냐고 물어보면 아내는 주저 없이 그를 만난 일을 꼽을 것이다. 뇌과학을 배우며 우리가 왜 서로에게 특정한 방식으로 반응하는지를 비로소 이해했다. 기쁨이 얼마나 중요한지 알고 가정의 기쁨을 키울 수 있는 방법들을 배우면서 우리 부부 관계에 새로운 활력이 찾아왔다.

아내와 나는 이제 결혼 28년차다. 우리는 둘 다 오십 대이고 자녀는 장성해서 독립했다. 지난 28년은 참으로 험난했고, 그 세월 속에서 우리는 기쁨을 가정의 주요 우선순위 가운데 하나로 삼는 것이 얼마나 중요한지를 배웠다. 물론 그렇다고 해서 지금 우리 가정에 아무런 문제도 없다는 것은 아니다. 하지만 이제 우리는 문제가 생길 때마다 잘 극복해서 관계를 지켜 내는 법을 안다.

코시에게 도움을 구한 한 부부가 이 과정을 잘 보여준다. 이 부부는 사회적으로는 성공했지만 밤낮없이 일하다 보니 결국 모든 에너지가 방전되었다. 특히 남편이 문제였다. 부부는 직업적으로 성공해서 겉보기에는 모두가 부러워할 만한 삶을 살았지만 가정은 썩어 들어가고 있었다.

코시는 그들의 이야기를 관심 있게 듣고 나서 그들에게 기쁨 활동들(이 책에 많이 소개해 놓았다)을 권했다. 결과는 실로 놀라웠다. 그 부부의 가정을 파괴할 듯 마구 뒤흔들던 지진이 눈에 띄게 잠잠해졌고, 불과 몇 주 만에 그 가정은 크게 안정되었다. 부부 관계가 좋아지면서 아이들도 불안감에서 벗어나 심리적 안정을 되찾았다. 작은 기쁨이 엄청난 효과를 발휘했다. 나중에 남편은 코시에게 기쁨 활동들을 시작한 순간이 가정을 회복하는 결정적인 전환점이었다고 말했다.

이 부부는 이 활동들을 매일 실천에 옮기면서 새로운 습관들을 길렀고, 덕분에 기쁨의 갭이 거의 사라졌다. 그들은 이 도구를 활용해 매일 함께 기쁨을 나누는 생활방식을 구축했다. 덕분에 그 가정은 날마다 기쁨이 흐르는 가정으로 변모했다.

대부분의 가정이 지금보다 더 많은 기쁨을 누릴 수 있다. 하지만 기쁨의 갭을 줄이는 법을 배우지 않으면 집안 분위기가 험악해질 수 있다. 그래서 기쁨의 갭을 줄여 늘 기쁨이 넘치는 가정을 만들어 주는 네 가지 습관을 소개하고자 이 책을 썼다. 이런 가정을 이루기 위해 매일 각자 혹은 배우자와 함께 책을 읽은 뒤 15분 정도 시간을 내서 그날의 활동을 해 보기를 바란다. 당신의 가정은 하루에 15분을 투자할 '가치'가 충분히 있다. 기쁨 넘치는 가정을 이루기 위한 노력을 시작하라.

PLAN: 기쁨을 충전하는 네 가지 습관

제2차 세계대전 참전 용사인 우리 아버지는 약혼녀에게 특별한 프러포즈를 한 대학 친구에 관한 이야기를 자주 하신다. 당시는 전쟁이 막 끝난 1940년대였다. 아버지는 유명했던 조지 패튼 장군의 제3군에서 복무하고 돌아와 인디애나주의 한 대학교에 입학했다. 아버지 친구 분은 전자공학 분야의 전문지식을 활용해 약혼녀를 위한 아주 특별한 계획을 세웠다. 어느 날 밤 저녁 식사를 마친 뒤 그는 약혼녀와 함께 손을 잡고 캠퍼스를 거닐었다. 그러다 불쑥 자신이 작업하는 프로젝트를 보여 주고 싶다며 약혼녀에게 과학실험실에 들르자고 했다.

실험실에 들어가서 이 젊은 로맨티스트가 스위치를 켜자 실험실 끝 벽에서 심장 모양의 빨간 빛깔 등이 켜졌다. 그가 다른 스위치를 켜자 이번에는 화살 모양에 하얀색 불이 들어와 심장을 뚫는 것처럼 보였다. 마지막으로 그가 다른 스위치를 켜자 "나와 결혼해 줄래요?"라는 글에 불이 들어왔다. 이런 프러포즈를 어떻게 거절하겠는가. 약혼녀는 눈물을 글썽이며 고개를 끄덕였다.

나는 이 이야기에서 남자의 정성이 담긴 철저한 준비가 매우 인상 깊었다. 그의 남다른 노력 덕분에 프러포즈는 평생 잊지 못할 추억이 되었다. 그는 특별한 프러포즈를 위해 특별한 노력을 했다. 모든 계획과 준비는 그가 약혼녀를 얼마나 생각하는지를 그대로 보여 주었다. 그는 그날 밤을 평생 기억에 남을 추억으로 만들기 위해 많은 시간과 공을 들일 만큼 그녀를 사랑했다.

연애의 성공 여부는 준비를 위해 얼마나 많은 시간을 충실하게 내느냐에 달려 있다고 해도 과언이 아니다. 여기서 준비는 상대방을 많이 생각한다는 뜻이다. 어떻게 하면 상대방을 행복하고 기쁘게 해 줄까 늘 고민한다는 뜻이다.

가정에 기쁨을 불어넣기 위해 어떻게 계획을 세워야 할까? 코시와 나는 이런 계획을 돕기 위해 기쁨 넘치는 가정의 네 가지 습관을 찾아냈다. 외우기 쉽게 두문자어 'PLAN'(계획)에 따라 이 습관들을 배열했다.

P 함께 놀다 Play together

L 감정에 귀를 기울이다 Listen for emotion

A 매일 감사하다 Appreciate daily

N 리듬을 기르다 Nurture rhythm

이 책의 나머지 부분에서는 이 습관들을 설명하고 이런 습관을 기르는 데 도움이 되는 활동들을 소개할 생각이다. 일단, 각 습관을 간단히 살펴보고 넘어가자.

함께 놀다

친하게 지내는 부부 가운데 50년 넘게 해로해 온 부부 한 쌍이 있다. 내가 기쁨 넘치는 가정의 네 가지 습관에 관한 책을 쓴다는 말을 하니 남편이 의자에서 내 쪽으로 몸을 기울이며 말했다. "첫 번째 습관은 뭡니까?"

눈빛을 보니 원하는 답이 있는 듯했다.

"함께 노는 겁니다."

그러자 그가 느닷없이 의자에서 펄쩍 뛰었다. "바로 그겁니다!" 그의 얼굴이 환하게 빛났다. "부부는 늘 함께 놀아야 하죠. 저희 부부는 그걸 가정의 최우선 사항으로 삼았습니다."

그 습관이 이 부부에게는 큰 도움이 되었다. 덕분에 그들은 자신들이 낳은 열두 자녀뿐 아니라 다른 여러 아이들까지 양자녀로 거두어 아주 잘 키워 냈다.

이 부부를 20년 넘게 알고 지내 왔는데, 그들만큼 기쁨 넘치는 가정을 본 적이 없다. 그래서인지 이 부부의 자녀들도 누구보다 기쁨 넘치는 사람들이다. 그들의 비결 가운데 하나는 어떤 상황에서도 함께 즐기는 시간을 내겠다는 결심이었다.

그들은 매년 달력에 가족 여행 일정을 적어 넣었다. 또 틈만 나면 사람들을 집으로 초대해서 함께 즐겼다. 이 부부의 집에 초대를 받아 가 보면 대개 다른 손님들이 이미 와서 이야기꽃을 피우고 있었다. 그들과 어울릴 때마다 그들이 일도 열심히 하지만 놀 때도 참 열심히 놀면서 기쁨을 가정의 최우선 사항으로 삼고 있음을 느낄 수 있었다.

거실 테이블에 둘러앉아 이야기를 나누는 사이에도 이 부부는 서로의 발을 문지르곤 했다. 그들은 부부가 함께 노는 시간을 하나님과 교제하는 시간 다음으로 중시했다. 이것이 그들이 늙어서도 연애 시절만큼 서로 사랑하며 사는 열쇠 가운데 하나다.

감정에 귀를 기울이다

좌뇌형 인간은 문제에 주목한다. 반면, 우뇌형 인간은 감정에 관심을 기울인다. (지어낸 것이기는 하지만) 좌뇌형 인간의 대화법에 관한 잘 알려진 이야기가 있다. 아내가 중요한 이야기를 하는데 남편은 신문을 보고 텔레비전 소리를 들으며 아침 식사를 하고 있다. 결국 아내가 폭발하고 만다.

"사람 말이 말 같지 않아요? 벽하고 이야기하는 편이 낫지, 원!"

그러자 남편이 조용히 신문을 내려놓고 의기양양하게 웃으며 아내가 한 말을 한 자도 빠짐없이 정확히 읊는다. 아내는 놀랐지만 기분은 전혀 나아지지 않는다. 이 남편이 아내의 말을 정확히 기억한 것은 문제 해결에 초점을 맞추는 좌뇌를 통해 들었기 때문이다. 하지만 그는 아내와 눈을 마주치며 아내의 감정에 귀를 기울이지는 않았다.

좌뇌형 인간에게 꼭 필요한 것은 문제만이 아니라 감정에 관심을 기울이는 것이다. 그렇게 하면 관계적 엔진이 꺼지지 않도록 유지시킬 수 있다. 최근 한 콘퍼런스에서 어떤 여성이 나를 찾아와 물었다.

"감정이란 무엇이죠? 감정이 무엇이고 그걸 어떻게 파악해야 하는지도 모르는데 어떻게 감정에 귀를 기울일 수 있나요?"

계속해서 그녀는 평생 감정에는 관심을 기울이지 않고 관계 사이에서 일어난 문제들을 해결하는 데만 집중해 왔다고 말했다. 당신도 이 여성과 같다면 이 책 2부의 두 번째 장을 읽고 상대방의 감정을 잘 듣는 법을 배우기를 권한다. 우리가 귀를 기울여야 할 여섯 가지 기본적인 감정이 무엇이며 그 감정들에 어떻게 귀를 기울일지 설명하도록 하겠다.

매일 감사하다

한 부부가 기쁨의 힘에 관해 배운 지 얼마 되지 않아 내게 부부 관계에서 생긴 문제를 상담하러 왔다. 나는 그 부부를 상대로 한 가지 실험을 해 보기로 했다. 먼저 그들의 이야기를 듣고 그들이 느끼는 감정들을 인정해 주었다. 그리고 잠시 서로에게 가장 고마운 점들을 생각해 보라고 권했다. 또 구체적으로 이렇게 물었다. "서로에게 처음 끌렸을 때 상대방의 어떤 점에 가장 감탄하고 어떤 점이 가장 존경스러웠나요?"

그런 다음 서로에게로 몸을 돌려 손을 잡고 눈을 마주 보며 서로에게 고마운 마음을 말하라고 했다. 규칙은 하나뿐이었다. "하지만"이라는 단어를 사용하지 않아야 했다. 예를 들어 "당신이 아이들과 잘 놀아 주는 것은 좋아요. 하지만 ~하지는 않았으면 좋겠어요"라는 식의 말을 하지 않는 것이다. "하지만"을 덧붙이는 순간, 이 활동의 효과는 사라지고 만다.

그 부부가 이 규칙에 따라 이 활동을 하자 놀라운 결과가 나타났다. 서로를 쳐다보지 않고 반대쪽만 바라보던 사람들이 서로 너무 달라붙어서, 여기서 키스는 하지 말아 달라고 부탁해야 할 정도로 둘 사이가 확 달라졌다. 함께 기쁨을 나눔으로써 생기는 힘은 실로 강력하며, 감사는 기쁨을 채우기 위해 할 수 있는 가장 강력한 습관 가운데 하나다.

리듬을 기르다

인생은 눈코 뜰 새 없이 바빠질 수 있다. 그러다 보면 부부 관계가 어느새 사업 파트너처럼 변하기 쉽다. 단순히 빨래, 설거지, 요리, 청소 같은 가사와 양육을 분담하고 돌아가는 집안 대소사를 의논하는 관계로 전락할 수 있다. 그것은 여유를 만들어 내는 삶의 리듬이 없기 때문이다. 오히려 부부 사이에 거리를 만들고 삶의 많은 영역에서 탈진하게 만드는 리듬이 자리를 잡은 탓이다. 매일 기쁨을 나누는 부부는 건강한 결혼 생활을 이어 간다. 쉼이 있는 리듬이 없다면 가정에 늘 기쁨이 가득하기란 사실상 불가능하다.

함께 놀 뿐 아니라 함께 쉬는 리듬을 기르는 부부의 가정에는 평생 마르지 않는 기쁨의 샘이 용솟음친다. 내가 아는 한 부부는 저녁마다 한 시간 반 동안 뒷마당에 앉아서 함께 해가 저무는 풍경을 감상한다. 잠자리에 들기 전에 꼭 함께 카드놀이를 하는 부부도 있다. 함께 쉬는 습관들은 부부 관계를 안정시키고 사랑이 식지 않게 유지해 주는 리듬을 만들어 낸다.

기쁨의 갭을 줄이기 위하여

당신 가정의 기쁨의 갭을 줄이는 데 도움이 되었으면 하는 마음에 기쁨과 관련된 뇌과학을 소개하고자 한다. 사람에 따라 다르겠지만 뇌과학이라고 하니까 좀 어렵고 지루한 이야기를 예상할지 모르겠다. 그래서 최대한 쉽고도 실용적으로 이야기를 풀어 가려고 노력했다. 기쁨이 왜 중요하고, 어떤 식으로 자라나는지를 이해하기 위해서는 뇌가 어떻게 작용하는지 알아야 한다.

2.

'기쁨의 뇌과학'에서

한 줄기 빛을

만나다

— '두려움의 유대'를 떠나 '기쁨의 유대'로

이번 장에서는 중독 치료와 외상 후 스트레스 장애PTSD 치료에서 리더십과 육아, 결혼 생활에 이르기까지 모든 영역에서 사람들이 '기쁨'에 주목하게 만든 뇌과학 분야의 네 가지 획기적인 발견을 소개하고자 한다.[1] 기쁨과 기쁨 관련 뇌과학은 심리학 분야를 변혁시키고 있으며, 대부분 주요 대학에서 커리큘럼에 반영하고 있다.[2]

이 책 내용이 주로 뇌과학을 기반으로 하기 때문에 먼저 뇌과학의 기본부터 짚고 넘어가는 것이 순서일 듯하다. 뇌에서 기쁨이 어떤 역할을 하는지 설명해 주는 네 가지 중요한 발견에 초점을 맞출 것이다.

기쁨의 뇌과학 1. 뇌 자석 brain magnet

우리 뇌의 가장 깊고도 주요한 부분은 자석과도 같다. 이 부분을 흔히 뇌의 애착 중추attachment center라 부른다.[3] 애착 중추를 발견하면서 애착 이론 및 관련 분야들에 관심이 고조되었다.

'뇌 자석'은 다른 사람들과 유대를 이루려는 인간 욕

구를 설명하기 위해 우리가 만들어 낸 용어다. 다른 사람들과 유대를 이루려는 욕구는 너무도 깊고 강력하다. 그래서 뇌과학 관점에서 애착보다 중요한 것은 없다. 그렇기 때문에 애착에서 비롯한 고통이 그 어떤 고통보다 클 수밖에 없다. 마찬가지로 애착에서 비롯한 기쁨보다 큰 기쁨은 없다. 사랑하는 사람의 죽음이나 이혼, 사랑하는 사람과의 이별 같은 경험은 말할 수 없이 깊은 고통을 낳는다. 그래서 우리는 사랑하는 사람과 함께하기 위해서 사막을 건너고 산을 오르며 전쟁까지 불사한다.

뇌과학 분야에서 이룬 중요한 발견 가운데 하나는 지그문트 프로이트가 틀렸다는 것이다. 프로이트는 죽음에 대한 두려움 그리고 성적 욕구가 세상에서 가장 강한 동기 유발 요인이라고 주장했다. 하지만 뇌 자석을 발견하면서 애착, 특히 기쁨의 애착이 인생에서 가장 강력한 동기 유발 요인임이 드러났다.

사람들은 기쁨의 애착을 위해서라면 얼마든지 성적 욕구를 억누르고 두려움에 맞선다. 심지어 죽음이라는 두려움도 이겨 낸다. 엄마들은 차에 깔린 아이를 구해 내기 위해 괴력을 발휘한다. 남자들은 바다에서 위기에 빠진 친구를 구하기 위해 심지어 상어와도 사투를 벌인다. 그런가 하면 어떤 사람들은 사랑하는 사람을 구하고자 극심한 고통을 감내하고 목숨을 잃으면서까지 불이 난 건물 속으로 뛰어든다. 누군가에게 느끼는 애착이 세상 그 어떤 힘보다도 강하기 때문이다.

기쁨의 유대, 두려움의 유대

문제는 뇌가 유대를 이루는 방식이 두 가지라는 점이다. 뇌는 기쁨의 유대를 이룰 수도 있고 두려움의 유대를 이룰 수도 있다.

어릴 적에 크리스마스 선물로 강아지 자석 인형 세트를 선물로 받았는데, 한 마리는 하얀색이고 한 마리는 까만색이었다. 둘 다 바닥에 자석이 달려 있어서 서로 마주 보게 하면 자석의 힘으로 서로를 향해 미끄러졌다. 그러면 서로 코가 붙어서 뽀뽀를 하는 것처럼 보였다. 두 강아지가 얼마나 멀리서도 서로에게 달려가 뽀뽀를 하는지 실험하는 것이 무척 재미있었다.

또 다른 재미는 두 강아지가 서로에게 꼬리를 향하게 하는 것이었다. 그렇게 하면 둘을 입맞추게 했던 자기력이 이번에는 서로를 밀어냈다. 꼬리끼리 붙이려고 하면 서로를 밀어내는 힘을 내 손으로 직접 느낄 수 있었다. 기쁨의 유대와 두려움의 유대의 차이가 이와 같다. 두 사람이 기쁨의 유대를 이루면 서로를 끌어당기는 긍정적인 에너지가 발생한다. 반대로 두 사람이 두려움의 유대를 이루면 서로에게 끌리는 마음을 약화시키는 부정적인 에너지가 발생한다.

기쁨의 유대는 다음과 같은 주요 특징들을 동반한다.

- ❧ 많이 웃는다.
- ❧ 함께할 때 좋은 감정을 느낀다. 혹은 함께하는 것에 관해 자주 생각한다.
- ❧ 상대방 앞에서 내 본모습대로 행동할 수 있는 안정감이 있다.
- ❧ 감정적인 측면에서 안전하게 연결될 수 있는 능력이 생긴다.
- ❧ '내 사람'과 함께 있다고 느낀다.

두려움의 유대는 매우 다른 모습으로 나타난다.

× 좀처럼 웃지 않는다.

× 감정을 숨기는 경우가 많다.

× 내 본모습대로 행동하면 사람들이 싫어할지 모른다는 두려움에 가면을 쓴다.

× 고립이 일상이 된다.

× 문제가 생기면 마음의 문을 닫고, 관계를 가꾸려는 욕구를 상실한다.

× 친구로 삼아야 할 사람을 오히려 적처럼 대한다.

같은 사람에게 기쁨의 유대와 두려움의 유대 사이를 오락가락하는 감정을 느낄 수도 있다. 기쁨의 유대가 표출되어 관계적인 자아처럼 굴다가도 화가 나거나 관계적으로 소원해지면 두려움의 유대가 표출된다.

하지만 대부분의 사람들은 일정한 관계 패턴을 갖고 있다. 이 책을 쓴 목표 가운데 하나는 부부가 서로 두려움의 유대를 이루고 있을 때 그것을 깨닫고 그런 관계를 변화시킬 수 있는 습관을 기르도록 돕는 것이었다.

지금껏 내가 만난 부부들 가운데에는 안타깝게도 서로 두려움의 유대를 이루고 있는 이들이 참 많았다. 그들

중에는 수십 년을 한집에서 지내면서도 서로 각자의 삶을 사는 부부들이 있었다. 이혼은 하지 않았지만 하루가 멀다 하고 다투는 부부도 있었다. 물론 그들과는 반대로 분명한 기쁨의 유대를 이룬 부부들도 적지 않으며, 그들 가정에는 긍정적인 에너지가 가득해서 초대받아서 가면 나오고 싶지가 않다.

기쁨의 뇌과학 2. 기쁨 그릇 joy bucket

애착 중추(뇌 자석)는 뇌 밑동에, 기쁨 중추(기쁨 그릇)는 맨 꼭대기에 위치해 있다. 엄마의 자궁에서 우리의 뇌는 아래에서 위로 자라 간다. 태어난 뒤에도 뇌의 마지막 부분들은 발달을 계속한다. 뇌가 뇌머리뼈(두개골)에 도달하면 앞으로 굽기 시작한다. 따라서 뇌 앞부분은 상단부이기도 하다.[4]

우리는 이 부분을 '기쁨 그릇'이라고 부른다. 이 중추가 기쁨을 경험함으로써 자라기 때문이다. 기쁨 그릇의 놀라운 점은 한계를 모르는 용량이다. 우리가 살아 있는

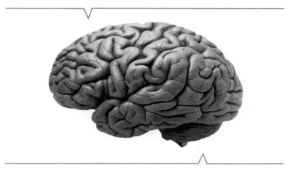

기쁨 그릇 - 기쁨 / 정체성 중추

뇌 자석 - 애착 중추

동안 계속해서 자란다는 것이다. 이는 우리가 지금까지 기쁨을 잘 누리지 못했다 해도 얼마든지 더 많은 기쁨을 누릴 가능성이 있다는 뜻이다.

기쁨 그릇을 채울수록 뇌의 그 부분이 자라난다. 다른 사람들과의 기쁨을 경험할수록 기쁨 그릇이 커진다. 기쁨 그릇은 최대한 크게 키워야 하며, 이 일이 얼마나 중요한지 아무리 강조해도 지나치지 않다. 기쁨 그릇이 커질수록 정서면에서나 관계면에서 더 안정된다. 기쁨 중추가 클수록 결혼 생활의 풍파를 이겨 내기가 더 쉬워진다.

기쁨 그릇의 크기는 우리의 정서적 역량을 결정한다. 정서적 역량을 다리에 빗댈 수 있다. 대형 트럭으로 몇백 년이 넘은 낡은 나무다리를 건너는 일은 위험천만하다. 그런 다리는 대형 트럭의 무게를 감당할 능력이 없다. 마찬가지로 인생에서 일어나는 크고 작은 문제들이 가해 오는 무게를 감당할 능력은, 기쁘게 살고, 부정적인 감정을 경험한 뒤에도 재빨리 기쁨으로 돌아가는 능력과 직접적인 연관이 있다. 기쁨은 문제가 발생하거나 부정적인 감정이 흐를 때에도 관계를 지켜 준다.

이것이 기쁨 활동들이 그토록 중요한 이유다. 매일 15분씩 부부가 함께 기쁨 활동들을 하면 말 그대로 기쁨의 능력이 자라난다. 그러면 정서적인 회복력, 서로에게 느끼는 애착, 자신의 본모습에 대한 자신감이 커진다.

기쁨의 뇌과학 3. 온/오프 스위치

부부 세미나를 진행할 때마다 사람들에게 목 뒤에 스위치가 달려 있는 상상을 해 보라고 말한다. 이 스위치를 켜면 뇌의 관계 회로가 켜진다. 그러면 상황이 힘들어져도 흔들리지 않고 관계가 얼마나 중요한지를 기억해 낼 수 있다. 하지만 이 스위치가 꺼지면 관계 회로가 멈춘다. 그렇게 되면 기쁨으로 사는 능력을 잃어버린다. 사람들이 사랑해야 할 대상이 아니라 해결해야 할 문제로 보이기 시작한다.

이런 현상은 우뇌에 관계 회로가 들어 있기 때문에 일어난다. 이 회로가 켜지면 우리는 관계적인 상태를 유지하고, 본모습대로 행동하며, 부정적인 감정에서 기쁨으로 재빨리 돌아가고, 힘든 시절을 잘 견뎌 낼 수 있다.[5] 좌뇌는 문제를 해결하고 문제에 관해 이야기하는 데 관여한다. 하지만 문제에 관해 이야기해 봐야 문제가 해결되기는커녕 고통만 가중되는 경우가 많다.

아내는 내게 이런 말을 자주 한다. "나는 관계에 깨어 있고 관계를 중시하는 당신이 좋아요. 관계 회로가 켜지면 당신은 정말 근사한 남편이죠. 하지만 관계를 등한시하는 비관계적인 당신은 좀 무서워요."

아내가 내게 잘못했다는 생각이나 감정이 고개를 들면 슬며시 관계적이지 않은 내가 나타난다. 그로 인해 스위치가 꺼지고 관계 회로가 멈추면 내 관계적인 뇌에 접속하지 않은 채로 관계를 다루려 든다.

네 가지 간단한 실험으로 우리의 스위치가 꺼져 관계 회로가 멈추어져 있는지를 확인할 수 있다. 기억하기 쉽게 두문자어 'CAKE'(케이크)를 사용했다. 이 실험을 통해 스위치를 켜고 관계 회로를 가동시키는 법도 배울 수 있다.

호기심Curiosity　　스위치를 끄면 배우자에 관한 모든 호기심을 잃는다. 배우자가 무슨 생각을 하는지 무슨 기분인지 전혀 신경을 쓰지 않는다. 그것은 뇌의 그 부분에서 분리되었기 때문이다. 배우자와 오래 살았기 때문에 그 사람을 완벽히 안다고 착각한다. 배우자의 생각이나 감정을 다 안다고 착각한다. 호기심이 없으면 상대방이 그만 떠들고 가 버리기를 바란다. 상대방이 나를 그냥 내버려 두었으면 좋겠다는 생각만 든다.

스위치를 켜라. 배우자에 관한 호기심을 잃고 상대를 다 안다고 생각한다면, 잠시 그 상황에서 한 걸음 뒤로 물러나야 한다. 예를 들어, 잠시 다른 곳을 바라보며 호기심을 표현할 방법을 생각하라. 혹은 양해를 구하고 다른 곳으로 가서 관계 회로가 다시 가동될 때까지 기다리

라. 나는 내가 '아내는 **항상** 어떤 식으로 행동한다'는 고정관념의 틀에 빠질 때 아내에 대한 호기심을 잃는다는 사실을 발견했다. 이 틀에 빠지면 그 틀에 맞는 사실만 눈에 들어온다. 다시 말해, '아내는 **항상** 어떤 식으로 행동한다'는 '사실'을 뒷받침해 주는 사건들만 떠올리게 된다. 호기심을 되찾기 위해서는 이 틀에서 나와 다른 사실들을 바라보아야 한다. 그렇게 호기심을 회복한 뒤에 대화를 재개하는 편이 안전하다.

감사Appreciation   스위치가 꺼지면 사랑하는 사람에게 고마운 점들을 기억할 수 없다. 대신 분노할 온갖 이유만 기억난다. 감사는 끌림을 낳는다. 따라서 감사가 없으면 분노를 느끼고 비난하고 상대방을 적으로 보기 쉽다.

스위치를 켜라. 감사를 회복하기 위해서는 잠시 물러서 있는 것이 필요하다. 분리하는 목적은 배우자에 대한 고마움을 기억하는 데 집중하기 위해서다. 배우자에게 고마운 점 열 가지를 찾아보라. 또한 나는 아내에게 고마운 점을 자주 말할수록 분노가 줄어든다는 사실을 발견했다. 나아가 내가 고마움을 표현하고 인정해 주면 아내는 본모습대로 행동할 수 있고, 나도 그렇게 본모습대로 행동하는 아내의 모습이 좋아진다.

친절Kindness 　스위치가 꺼지면 친절하게 대하기가 싫다. 대신 이기고만 싶어진다. 이길 생각만 하다 보면 친절은 원하는 것을 얻어 내는 수단으로 전락하고 만다. 하지만 호기심과 감사가 사라져 버리면 그런 의미의 친절도 곧 사라져 버린다.

스위치를 켜라. 나는 아내가 좋아하는 친절한 행위들을 간단한 목록으로 정리했다. 예를 들어 먼저 손을 잡아 주고, 아름답다고 말해 주고, 필요하다고 말한 물건을 알아서 사다 주고, 집 정돈에 앞장서는 것 등이다. 이 목록은 게리 채프먼의 책 《5가지 사랑의 언어》*The 5 Love Languages*》(생명의말씀사 역간)에서 영감을 얻었다. 친절에 관한 재미있는 사실 하나는, 친절을 베풀고 나서 아내의 반응을 볼 때마다 '진작 더 많이 그렇게 해 줄 걸' 하는 생각이 든다는 것이다.

눈빛 나누기 Eye contact 　스위치가 꺼져 있다는 확실한 증거 가운데 하나는 서로 시선 마주치기를 피한다는 것이다. 우리 뇌에서 문제 해결을 담당하는 부분은 관계적이지 않다. 따라서 관계적인 부분이 가동을 멈추면 관계보다 문제에 더 집중할 수밖에 없다. 하지만 우리가 원하는 방향은 정반대다. 우리는 문제보다 관계에 더 집중해야 한다.

스위치를 켜라. 관계적인 뇌에 시동을 거는 아주 간단한 방법 가운데 하나는 서로 눈을 마주 보는 것이다. 아내나 남편의 눈을 다정한 눈빛으로 바라보고 있으면 친절과 감사, 호기심이 왜 필요한지 기억날 것이다.

기쁨의 뇌과학 4. 내러티브 narrative 엔진

뇌 자석, 기쁨 그릇, 온/오프 스위치는 모두 우뇌의 활동과 관련이 있다. 반면, 이 네 번째 발견은 좌뇌에서 일어나는 일과 관련이 있다. 나는 좌뇌를 '내러티브 엔진'이라 부른다. 뇌의 이 부분이 삶을 설명하기 위해 내러티브들을 지어내기 때문이다. 내 친구 칼 리먼은 정신과 의사로, 내러티브 엔진을 "언어적 논리 설명자"the verbal logical explainer라고 부른다.[6] 거창하게 들리지만 좌뇌 엔진이 우리의 경험을 합리적으로 설명해 주는 단어들을 찾기를 좋아한다는 단순한 뜻이다.

예를 들어 아내와 말다툼을 벌일 때면 대개 내 뇌의 스위치는 꺼지고 관계 회로가 멈춘다. 그때부터 내 내러티브 엔진은 '아내는 **항상** 나를 어떤 식으로 대한다'는 식의 줄거리를 쏟아 낸다. 그리고 나는 이 내러티브를 뒷받침하기 위해 그에 걸맞는 사건들을 기억해 내며 아내를 향한 감정의 불씨에 더욱 부채질을 한다.

그런 싸움을 벌인 기억이 난다. 결국 관계 회로가 멈춰 버린 나는 아내와 더 이상 대화하기를 거부하고는 다른 방으로 건너갔다. 그때부터 내 내러티브 엔진이 아내를 내 모든 문제의 원인으로 만들기 위한 이야기를 지어 내기 시작했다.

하지만 이 망가짐의 한복판에서 이상한 일이 일어났다. 나는 그것을 하나님이 하셨다고 생각한다. 내가 멋대로 지어내고 있는 내러티브와 맞지 않는 새로운 생각이 내 머릿속으로 들어왔다.

'정신 차려! 네 아내는 귀하고 연약한 존재야. 네 아내를 깨뜨리지 마.'

이 새로운 생각과 함께 깨지기 쉬운 도자기 잔 이미지가 떠올랐다. 그 이미지의 의미를 금방 알아챌 수 있었고, 곧 아내에 관한 새로운 내러티브가 머릿속에 떠올랐다. 아내는 해결해야 할 문제가 아니요 내 삶을 불행하게 만드는 골칫덩어리가 아니었다. 아내는 사랑스럽고, 한편 연약했다. 아내가 원하는 것은 그저 사랑받는 것뿐이었다. 이 새로운 내러티브가 뿌리를 내리자 내 관계 회로가 다시 가동을 시작했다. 감사하는 마음이 돌아왔고, 아내를 친절하고 자상하게 대하고 싶어졌다.

내러티브는 강력하다. 배우자를 어떻게 생각하느냐에 따라 그를 어떻게 대하고 그에 관해 어떻게 느끼는지가 결정된다.

부부 상담을 할 때 사람들에게 매번 이렇게 묻는다. "배우자에 관한 어떤 거짓말을 믿고 계신가요?" 그런 다음 이렇게 묻는다. "배우자를 바라보는 시각이 변하려면 어떤 진실을 봐야 할까요?" 교인들에게는 하나님께 이런 질문을 던지며 기도하게 한다. "하나님, 무엇이 문제인지 밝혀 주십시오."

몇 가지 예를 들어 보겠다. 한 여성은 남편을 광대로 보고, 또 다른 여성은 남편을 자신이 날지 못하도록 얽매는 족쇄로 보았다. 한 남자는 자신의 아내를 자신의 인생을 망치는 괴물로 보았다. 이런 이미지가 얼마나 부정적인 감정을 일으키겠는가. 이런 식으로는 친밀함이나 사랑의 감정을 나누는 것이 불가능에 가깝다.

한 남편은 이런 활동을 한 뒤에 눈물을 흘리며 자신이 가정에서 문제가 생길 때마다 늘상 아내를 탓해 왔노라 고백했다. 그는 자신이 아내에게 차마 말로 표현 못할 만큼 끔찍한 이미지를 품어 왔다고 말했다. 하지만 이제 하나님이 아내를 새로운 눈으로 보게 해 주셨고, 아울러 자기 자신을 바라보는 시각도 바꿔 주셨다고 말했다. 원래 그는 아내를 바로잡을 생각으로 우리 부부 세미나에 참석한 것이었다. 하지만 그의 내러티브가 변한 덕분에 자신부터 더 나은 남편이 되겠다고 결심하며 세미나 장소를 나설 수 있었다.

부부가 함께 훈련해야 하는 이유

뇌과학 분야에서는 이외에도 많은 획기적인 발견이 이루어졌다.[7] 그 모든 발견을 한 장에서 다 다룰 수는 없지만 마지막으로 한 가지 발견은 꼭 짚고 넘어가고 싶다. 뇌의 관계 회로는 주로 '거울 신경 세포'mirror neurons로 이루어져 있다. '거울'이라는 표현에서 알 수 있듯이 이 신경 세포들은 남들의 행동을 보고 흉내 내며 배운다. 이는 책을 읽고 나아지기로 결심하는 방식으로는 뇌의 관계적인 측면을 훈련시킬 수 없다는 뜻이다.

거울 신경 세포들을 훈련시키려면 남들과 상호작용해야만 한다. 이것이 이 책이 이 습관들에 관한 설명만으로 끝나지 않는 이유다. 우리는 이 책에 당신의 배우자와 함께 실천할 수 있는 구체적인 훈련 프로그램까지 포함시켰다.

이 책에서 소개하는 활동들을 직접 하면 가정에 도움이 될 뿐 아니라 정서적 역량도 강해져 우리 자신의 삶을 위해서도 매우 유익하다. 한마디로 일석이조다. 기쁨 가득한 가정의 습관들을 배우면 어릴 적에 형성된 두려움의 유대에서 떠나 기쁨 가득한 가정을 이루어 나갈 수 있다.

3.

무심결에 새고 있는
'기쁨의 누수'를
막으라

— 기쁨을 앗아 가는 습관들

기쁨을 선택하는 것은 그리 단순한 문제가 아니다. 기쁨을 선택하려는 노력은 불면증이 심한데 잠을 자려고 애쓰는 것과 비슷할 수 있다. 기쁨은 서로를 기뻐하는 사람과 함께할 때 생기는 감정이다. 관계적인 기쁨을 거의 모르고 자랐다면 꾸준한 기쁨을 얻기 위해 집중적으로 노력해야 한다. 관계적으로 행복한 가정에서 자랐다 해도 기쁘게 살려는 노력을 방해하는 요인들이 존재한다. 이번 장에서는 다른 사람과 기쁨을 나누지 못하게 방해하는 가장 일반적인 걸림돌 세 가지를 살펴보자.

첫 번째 걸림돌. 버튼 댄스

결혼을 춤이라고 한다면 우리 대부분은 최대한 서로 가까워지기를 원하는 마음으로 결혼 생활을 시작한다. 너무 깊이 사랑에 빠져서 평생을 기쁨 속에서 살 것만 같다. 하지만 대부분의 부부는 내가 '버튼 댄스'라고 말하는 상황을 경험한다. 지금부터 무슨 말인지 설명해 보겠다.

당신의 배에 모든 묵은 상처와 감정적인 짐을 쑤셔 넣

은 화약통이 달려 있다고 상상해 보라. 이번에는 그 화약통과 연결된 버튼들이 당신의 온몸을 뒤덮고 있다고 상상해 보라. 누가 그 버튼들을 누르지 않는 이상, 그 문제들은 통 안에 고이 갇혀 있어서 겉보기에는 삶이 평온하기만 하다. 버튼이 눌려질 만한 상황을 너무 잘 피해서 정말 아무런 문제가 없는 것처럼 살아가는 사람들도 있다.

하지만 누구나 살다 보면 버튼이 눌려지는 상황을 겪는다. 그 순간, 갑자기 폭발이 일어난다. 내가 배우자의 버튼을 누르는 바람에 화약통이 터지면 억눌렸던 배우자의 감정들이 한꺼번에 쏟아져 나온다. 우리는 이 폭발에 화들짝 놀라 흠칫 뒤로 물러나며 혼란스러운 표정을 짓는다.

'당신, 이런 사람이었어?'

화약통이 한번 폭발하면 뭔가 새로운 것이 결혼이라는 춤에 개입한다. 바로 두려움이다. 무엇이 폭발을 일으키든 폭발 이후에는 전처럼 안전하다는 느낌을 누릴 수 없다. 서로의 버튼을 자주 누를수록 더 많은 두려움이 결혼 생활을 지배한다.

앞 장에서 말했듯이 두려움은 부부를 서로 멀어지게

만들고 친밀함을 앗아 간다. 계속해서 춤을 춘다 해도 서로 회피의 달인이 되어 버린다. 입 밖으로 꺼내면 서로 피곤해지는 문제들이 있음을 알고 나서 그 문제들을 회피하기 시작한다.

이런 문제와 상황이 쌓이면 회피하는 일이 많아지다가 급기야 기쁨의 갭이 회복 불능으로 느껴질 만큼 벌어진다. 이것이 50년 넘게 한 이불을 덮고 살고도 친밀함을 전혀 찾아볼 수 없는 부부들이 적지 않은 이유다. 그들은 한 지붕 아래서 지내고는 있지만 버튼 댄스로 인해 각자 별도의 삶을 산다.

한 상담자는 내게 신혼 초에는 한 번도 부부 싸움을 하지 않았다고 말했다. 하지만 그것은 건강한 부부의 증거가 아니었다. 두 사람이 회피의 달인이 되었다는 증거이기 때문이다. 결국 버튼 댄스가 시작되면서 그 가정은 풍비박산이 났다.

하지만 감사하게도 몇 년 뒤 그 부부는 기쁨의 뇌과학에 관해 알게 되었고, 이 책에서 소개한 방법으로 열심히 노력했다. 현재는 몇 년 전에는 꿈도 꾸지 못할 만큼 기쁘게 살고 있다. 적잖은 노력이 필요했지만 그들은 버튼

댄스에서 빠져나와 기쁨의 수준을 높게 유지시키는 습관
들로 들어갈 수 있었다.

두 번째 걸림돌. 두려운 요소 찾기

기쁨을 나누지 못하게 방해하는 두 번째 문제점은 두
려운 요소 찾기fear mapping다. 이것은 감사할 복은 찾지 않
고 그보다 해결해야 할 문제를 찾는 습관을 말한다. 앞서
살폈듯이 뇌는 두 가지 종류의 애착을 형성할 수 있는데,
바로 기쁨의 유대와 두려움의 유대다. '기쁨의 유대'는 안
정감을 느끼는 애착이다. '두려움의 유대'는 혼란이나 부
정적인 감정을 느끼는 애착이다.

안정감을 느끼는 애착 없이 두려움의 유대 속에서 자
란 사람들은 세상을 바라보는 눈빛에 두려움이 서려 있
다. 그들의 뇌는 삶에서 두려운 요소들만을 찾도록 훈련
되어 있다. 그 결과 그들은 해결해야 할 문제와 피해야
할 고통에만 시선을 고정한다. 그렇게 고통과 문제가 뇌
활동의 초점이 되면 사실상 그 사람 안에서는 기쁨이 자

라날 수 없다.

존 가트맨은 가정에 관한 베스트셀러에서 '고수 가정'master marriages과 '파국 가정'disaster marriages을 가르는 몇 가지 습관을 설명했다. 고수 가정은 6년 뒤에도 건강한 관계를 유지하는 가정이다. 파국 가정은 6년 안에 깨지거나 심각한 상황에 빠지는 가정이다.[1]

고수 가정들에서는 대체로 이 책의 네 가지 습관들이 모두 나타난다. 이 가정들은 서로에게 감사하고 뭐든 함께 즐기는 습관들을 기른다. 예를 들어, 이런 가정에서는 아내가 독서 모임에 관심을 보였을 때 남편이 "좋은 활동이지"라고 말만 하고 텔레비전에 시선을 고정하지 않았다. 이런 가정의 남편은 독서 모임에 관해 호기심을 보이며 이것저것 묻는다. 나아가 자신도 북 클럽 활동에 함께 참여한다.

내가 아는 한 가정에서는 남편이 카 레이싱에 아주 푹 빠져 지냈다. 그래서 아내는 전혀 관심도 없고 아는 것도 없는 카 레이싱의 세계로 들어가기로 결심했다. 먼저 카 레이싱 관련 책들을 사서 열심히 공부한 뒤에 난생처음으로 남편과 함께 경기장을 찾아갔다. 거기서 당시 주변에 있던 웬만한 마니아보다 자신이 카 레이싱 역사를 더 많이 안다는 사실을 알고 희열을 느꼈다.

이들 부부의 이런 배려는 일방적이지 않았다. 남편도 아내가 좋아하는 집 꾸미기에 참여하기 위해 인테리어 전문 채널을 보기 시작했다. 그렇게 서로가 관심을 가지는 세상 속으로 들어갈수록 서로 공유하는 삶의 영역이 확장되었다. 그리고 그럴수록 가정 안의 기쁨의 갭이 줄어들었다.

하지만 서로 감사하고 기쁨을 나누는 습관들을 기르지 못하는 가정도 있다. 그런 가정에서는 대신 분노와 두려움의 습관들이 자라난다. 앞서 말했듯이 두려움이 뇌를 지배하면 회피("당신과 이야기하느니 스마트폰이나 보는 편이 낫겠어")와 분노("내가 화난 건 당신 잘못이야. 텔레비전을 즐겁게 보고 있는데 왜 자꾸 귀찮게 해?"), 중독("빨리 한 잔 해야겠어" 혹은 "다 귀찮아"라고 말하면서 인터넷에서 포르노를 뒤진다) 같은 나쁜 습관들이 나타난다.

이 책에서 소개하는 네 가지 습관은 두려운 요소들을 찾는 습관을 버리고 고수 가정으로 변하도록 도와준다.

세 번째 걸림돌. 분노

함께 기쁨을 나누는 순간들 사이의 시간 간격이 벌어질수록 가정은 분노가 싹트기 쉬운 토양으로 변해 간다. 가정에서 버튼 댄스와 두려운 요소 찾기가 일상이 되면 반드시 분노는 큰 문젯거리로 발전한다.

자신이 당한 일 하나하나를 저울 위의 추로 생각하면 용서가 몹시 부당하게 느껴질 수 있다. 엄연히 저울 위에 올라가 있는 추를 치우고 아무 일 없었던 것처럼 살아가란 말인가.

남편이 아내의 절친과 바람을 피운 사실을 고백했다는 전화를 받고 그 가정을 찾아간 한 목사가 생각난다. 그 집으로 가는 내내 목사는 어떤 상황이 기다리고 있을까 노심초사했다. 그런데 가 보니 참으로 황당한 상황이 펼쳐져 있었다. 외도 사실을 고백한 남편이 도리어 화를 내는 것이 아닌가.

"목사님, 마침 잘 오셨습니다. 제 아내더러 제발 교인답게 굴라고 말해 주시지 않겠어요?" 이어지는 남편의 말에 목사는 경악스러운 표정을 지었다. "저는 분명 사과를 했습니다. 그러니 이제 다 잊고 아무 일도 없었던 것처럼 저를 안아 주라고 좀 말해 주세요."

불륜을 저지른 이 남편은 몇 가지 착각을 하고 있었다. 첫째, 그는 교인답게 구는 것이 무엇인지를 전혀 이해하지 못하고 있었다. 그는 회개와 용서를 제대로 알지 못했다. 그리고 이 이야기로 볼 때 그는 자아도취에 빠진 사람으로 보인다. 자아도취에 빠진 사람은 자기가 저지른 잘못에 따르는 대가를 받아들이지 않으려고 하며, 남들에게 비난의 화살을 돌리는 데 선수다. 바로 이 남자가 이런 모습을 보였다. 그는 자신의 잘못에 마땅한 대가를 받아들이지 않고 오히려 아내를 탓했다.

마지막으로 그는 용서를 화해와 혼동했다. 화해는 신뢰를 회복하는 문제이며, 화해하는 데는 시간이 필요하다. 화해는 두 사람이 하는 것이며, 용서는 한 사람이 하는 것이다. 아내는 용서를 했다. 이로서 화해가 가능해졌다. 그런데 남자는 용서가 곧 화해라고 착각해 당장 화해를 요구했다.

용서는 상대가 저지른 행동에 마땅한 대가가 따르지 않는다는 뜻이 아니다. 부모라면, 이 말이 무슨 뜻인지 잘 알리라. 우리는 자녀를 계속해서 용서하지만 잘못에 따른 벌은 준다. 또한 누군가를 용서해도 그가 더 이상 남들에게 피해를 입히지 못하도록 신고는 해야 할 수 있다. 알코올 의존증 환자를 용서해도 잘못에는 대가가 따른다는 점을 그가 통감하도록 당분간 자유를 박탈해야 하는 것과 같다.

기독교 관점에서 용서는 자신이 당한 일을 하나님 앞에 내려놓는 것이다. 이 과정의 중심에는 선택이 있다. 용서는 내가 아닌 하나님이 판단하시도록 맡기기로 선택하는 것이다. 나는 내가 받아야 할 빚을 하나님의 추심 기관에 맡기는 것으로 이 점을 설명하곤 한다.

건강한 가정에는 분노가 아닌 용서가 가득하다. 용서는 "내게는 문제보다 관계가 더 중요하다"라고 말하는 것이다. 사람들을 문제덩어리로 보지 않고 하나님의 눈으로 그들을 볼 때 우리 안에 평안이 찾아온다. 용서를 선택하고 하나님의 눈으로 사람들을 보는 법을 배우면 분노를 다룰 수 있는 강력한 원투펀치를 갖춘 셈이다.

기쁨이 가득한 가정을 원한다면 기쁨을 낳는 습관을 길러야 한다. 습관의 힘은 매우 강력하다.

뇌과학 관점에서 습관은 반복을 통해 만들어진다. 어떤 행동을 자주 할수록 뇌는 더 빨리 그 행동을 정상 상태로 받아들이는데, 약 30일이면 뇌는 그 행동을 새로운 정상 상태로 받아들이기 시작한다. 예를 들어, 커피나 단음식, 술 없이 30일을 버티면 대개 뇌에서 그 욕구가 사라진다.

새로운 습관을 60일 혹은 90일 동안 유지하면 뇌 안에서 새로운 경로가 완전히 형성되어 그 습관이 뿌리를 내린다. 스스로 '선택'하지 않아도 자연스레 하게 될 때 습관이 형성되었다고 말할 수 있다. 그때부터는 반사작용처럼 그 행동이 거의 자동적으로 이루어진다.

기쁨을 기르면 부부 사이의 모든 문제를 해결할 수 있다는 뜻은 아니다. 하지만 어떤 습관을 기르느냐에 따라 전반적으로 기쁜 결혼 생활이 이어질지 두려운 결혼 생활이 이어질지가 결정된다. 우리와 함께 30일간 이 활동

들을 실천함으로 기쁨 가득한 결혼 생활을 위한 습관을
기르기 시작해 보자.

Part 2

사랑이 자라는 '작지만 강력한' 네 가지 습관

하루 15분,
부부 사랑에
물을 주라

슬기로운 부부 습관 하나.

함께 놀다

— 집 안 공기가 새로워지다

분명 당신 부부도 처음 데이트를 시작할 때는 함께 노는 것이 지극히 자연스러웠을 것이다. 많은 커플이 볼링장이나 영화관, 파티, 콘서트, 혹은 산이나 바다처럼 자연을 만끽할 수 있는 곳에 가거나 함께 맛집을 찾아다니며 맛있는 음식을 즐긴다. 매번 창의력을 발휘해야 하는 부담이 있지만 한편 그것이 데이트의 재미 요소 가운데 하나이기도 하다.

처음 데이트를 할 때 브라이언은 캐시가 어릴 적부터 피겨스케이팅을 즐겨 탔다는 사실을 알았다. 그녀를 감동시키고 싶었던 브라이언은 디트로이트 도심에 있는 종합 경기장인 조루이스아레나Joe Louis Arena에서 열리는 특별한 스케이팅 오픈 행사 입장권을 구했다. 그때 캐시가 너무 좋아해서 이후 조루이스아레나는 두 사람의 단골 데이트 장소가 되었다. 반대로 캐시는 브라이언이 디트로이트 레드 윙스Detroit Red Wings의 열렬한 팬이라는 것을 알고서 아이스하키를 열심히 공부하고는 그와 함께 경기를 보러 다니기 시작했다.

두 사람은 스케이팅과 하키에서 멈추지 않았다. 브라이언은 낚시도 좋아했다. 그래서 캐시는 전에는 별로 해

본 적이 없는 낚시를 하러 같이 다녔다. 캐시는 예술을 사랑했다. 그래서 브라이언은 그녀를 미술관에 데리고 다니고 미술사를 공부했다. 그렇게 서로의 관심사에 관심을 가진 덕분에 같이 놀 거리가 점점 더 많이 발견되었다.

기존에 하던 놀이를 함께하는 것만이 아니라 새로운 취미를 개발하여 함께 놀 거리를 끊임없이 늘려 가는 것도 중요하다. 내 아내의 숙부는 골프장 근처에 사신다. 처숙부는 퇴직 후 골프 리그에 들어가 골프장에서 많은 시간을 보내기 시작하셨다. 그러자 오래지 않아 처숙모도 남편과 함께하기 위해 레슨을 받기로 결심하셨다. 지금은 두 분 다 텔레비전에서 골프 방송을 자주 보고 여름이면 한 달에 두어 번 함께 골프를 즐기신다. 물론 처숙부는 남자들과 골프 리그에 참여하기도 하시지만, 이제 골프는 부부가 함께 즐길 수 있는 취미가 되었다.

내가 아는 많은 부부가 스노클링, 도자기 굽기, 새 관찰, 원예, 캠핑 같은 새로운 취미를 개발했다. 중요한 것은 '무엇'을 하느냐가 아니라 함께 인생을 즐길 거리를 계속해서 발굴해 내는 것이다. 부부가 각자 다른 취미들을 갖고 있어도 괜찮다. 하지만 단 하나라도 함께할 수 있는 취미가 있어야 한다.

이번 장에서는 놀이를 통해 부부 사이의 기쁨을 증가시킬 세 가지 실질적인 방법(특별한 행사, 관계적인 성생활, 정해진 교제 시간)을 살펴보고자 한다.

특별한 행사

함께 즐기는 행사event, 일상적인 데이트, 기념일, 휴가는 그 시간을 함께 기대하는 기쁨과 나중에 두고두고 기억할 추억거리를 선사한다. 때로는 행사 자체보다 기대하며 기다리는 시간이 더 좋다.

내 서른 번째 생일에 아내는 2박 3일짜리 휴가를 계획했다. 아내는 양과 낙타를 키우는 시카고 근교의 큼지막한 민박 집을 빌렸다. 동물과 어울릴 수 있다는 점이 그 숙소를 고른 중요한 이유 가운데 하나였다(아무래도 나보다는 아내 자신을 위한 이유였던 것 같다). 아내는 그 휴가를 위해 스포츠카도 빌렸다. 당시 나는 대학원생이어서 낡은 고물차 한 대를 보유하고 있었다. 그래서 스포츠카를 빌렸다는 소리에 내 눈이 번쩍 뜨였다.

그런데 그 여행의 모든 것이 순조롭지는 못했다. 내 생일은 12월이고, 당시 우리는 겨울이 혹독한 시카고 교외에 살았다. 예약한 숙소로 가는 길에 눈이 오기 시작했다. 눈이 사뿐사뿐 오는 것이 아니라 매서운 북풍에 날려 자동차를 마구 때려 댔다. 이즈음 나는 첫 번째 실수를 했다. 예약한 숙소 표지를 보고서 다음 도로로 차를 꺾었는데, 20초쯤 뒤 자동차 바퀴가 진흙에 깊이 파묻혔다. 알고 보니 밭 한가운데서 갑자기 끝나 버리는 공사 중인 입구로 들어간 것이었다. 천지가 어둡고 사방이 눈에 덮여 있어서 어떻게 된 일인지 금방 알 수가 없었다. 그래서 상황을 파악했을 때는 이미 늦은 상태였다.

나는 겉옷을 챙겨 입고 차 밖으로 나왔고, 아내는 하이힐에 원피스 차림을 한 채 운전석으로 겨우 넘어갔다. 내가 얼굴을 사정없이 때리는 눈바람을 참아 가며 진창에 빠진 자동차를 밀자 아내가 액셀을 끝까지 밟았다. 눈과 진흙을 흠뻑 뒤집어쓰는 동안 차는 한참 동안 앞뒤로 오락가락한 끝에 마침내 도로 위로 복귀했다. 얼굴이 얼어붙을 만큼 고생은 했지만 숙소에 들어가 몸을 녹이고 나서는 멋진 주말을 보낼 수 있었다.

솔직히 나는 기념일이라고 해 봐야 아내를 데리고 나가 평소보다 조금 더 좋은 식당에서 밥 한 끼 먹는 것이 전부일 때가 많다. 그렇다 해도 기념일은 친밀함을 쌓고 함께 즐길 좋은 기회가 될 수 있다. 예를 들어, 배우자를 위해서 시나 편지를 써 보면 어떨까? 재미있는 글도 좋고 향수를 자극하는 글도 좋다. 물론 로맨틱한 글이라면 더할 나위 없다. 내 친구 한 명은 거의 모든 기념일에 아내를 위해 시를 써서 읽어 준다. 우리 아버지도 특별한 날이면 어머니와 우리에게 시를 써 주셨다. 시간을 내서 시를 썼다는 것은 그만큼 관심을 갖고 준비했다는 뜻이다. 한번 해 보라. 얼마나 낭만적인지 모른다.

특별한 행사에 의미를 더하는 또 다른 방법은 창의력을 발휘하는 것이다. 우리 아버지는 크리스마스 때마다 어머니를 위해 가구를 만들어 주셨다. 아버지는 대학교에서 일하셨는데, 마침 목공소가 있어서 그곳을 사용하셨다. 덕분에 우리 집에는 어머니가 즐겨 사용하신 근사한 상자, 고풍스러운 수납장, 현관 앞에 놓인 테이블까지 사랑과 정성으로 만들어진 온갖 가구들이 곳곳에 있었다. 우리 딸은 목공이 아니지만 다른 방식으로 이 전통을 이어 가고 있다. 딸아이는 특별한 행사 때마다 가족들에게 비싸지는 않지만 의미 있는 선물을 해 준다. 선물과 관련해서 가족들만 아는 농담이 적혀 있기도 하고, 단순히 "이 선물을 좋아할 것 같았어요"라고 적어 두기도 한다.

전통은 특별한 행사에 낭만을 한층 더해 준다. 내 친구 한 명은 매년 결혼기념일 오후 6시(결혼식을 올린 시각) 정시에 아내 앞에서 혼인서약을 암송한다. 그 아내의 기분이 어떠할지 상상이 가는가? 그가 내게 이 특별한 전통에 관해 이야기할 때 그 아내의 눈에 이슬이 맺히는 것을 나는 보았다.

달력에 특별 행사들을 적어 넣고 잊지 않는 일은 가정의 기쁨을 유지하는 데 매우 중요하다. 특별 행사들은 부부가 함께 계획하면서 기대할 거리를 제공해 준다. 그렇게 계획하는 순간만큼은 오직 서로의 관계에 집중할 수 있다. 또한 여러 특별 행사들은 평생 두고두고 나눌 추억거리를 선사해 준다. 예산에 따라 간단하게 캠핑을 해도 좋고, 여유가 있다면 이국적인 곳으로 떠나도 좋다. 어떤 식으로 하든 창의력을 발휘하면 적은 예산으로도 큰 기뿜을 나눌 수 있다.

관계적인 성생활

이 책의 목표 가운데 하나는 오직 부부간의 잠자리를 통해서만 이루어질 수 있는 독특한 기쁨의 유대를 회복시키는 것이다. 앞서 좌뇌와 우뇌에 관해서 했던 이야기로 미루어 짐작했을지 모르겠지만, 관계적 엔진이 가동되는 상태에서 나누는 성관계와 관계 회로가 꺼진 채로 의무적으로 해치우는 성관계 사이에는 큰 차이가 있다.

모든 형태의 놀이가 그렇듯 부부의 성생활도 미리 준비하는 것이 좋다. 배우자와 잠자리를 가질 시간이 다가오고 있음을 알면 기대감과 즐거움이 배가된다. 물론 때로는 즉흥적인 성관계도 좋다. 부부간 잠자리를 '놀이' 범주에 넣고 '기쁨'을 그 목표로 하면 둘 다 만족스럽고도 관계적인 성생활을 즐길 수 있다.

나와 친하게 지내는 한 부부는 자신들의 침대를 '놀이터'라 부른다. 두 사람은 모두 어릴 적 가정환경이 그리 좋지 못했다. 하지만 결혼하면서 자식들에게는 새로운 전통을 남겨 주고 싶어 자신들의 부모들과 달리 가족 간의 친밀함을 가장 우선시하기로 결심했다. 그런 노력의 일환으로 그 부부는 부부간 성생활을 위한 계획을 세웠다. 두 사람은 맞벌이 부부로 남편은 자주 출장을 간다. 그래서 두 사람은 서로를 향한 사랑의 불을 꺼뜨리지 않기 위해 틈만 나면 서로에게 "디데이 2/8"과 같은 식의 메모를 남긴다. 이것은 다음번 잠자리까지 2일 8시간이 남았다는 뜻이다. 둘 다 집 안 곳곳에 이런 메모를 남기면 미소가 끊일 날이 없다. 준비는 기대감을 고조시키고 부부간에 나누는 성관계를 의무가 아닌 로맨틱한 행사로 만들어 준다.

내 지인 중에는 배우자와 성관계를 나눈 지역과 나라를 세는 부부도 있다. 얼마 전 그들은 내게 50개 주와 27개국을 커버했다고 귀띔했다. 그들 부부는 단순히 다른 주나 다른 나라를 목록에 추가하기 위해 여행을 하루 연장하기도 했다. 계획적인 부부 성생활의 모델이 아닐 수 없다. 최근 이 부부는 내게 이렇게 말했다. "가정이 최우선이 아닌 삶을 상상할 수도 없어요. 우리는 늘 함께 놀기로 작정했고, 배우자와의 잠자리는 그 놀이의 중요한 일부죠."

관계적인 성생활이 전혀 문제가 아닌 부부도 있지만, 먼 나라 이야기처럼 느껴지는 부부도 있다. 여기에는 여러 가지 원인이 복합적으로 얽혀 있을 수 있다. 부부 가운데 한 명에게 성적 트라우마가 있는 경우가 많다. 두려움과 분노, 애착 부족이 부부간에 가지는 잠자리를 어렵게 만들 수도 있다. 부부 사이에서 성욕 부재는 많은 의문과 의심을 일으킬 수 있다. '이이가 바람을 피우고 있나?' '혹시 나보다 동성애에 더 관심이 있는 것은 아닐까?' '내가 무슨 잘못이라도 했나?'

서로 즐기는 관계적인 성생활을 망치는 또 다른 원인은 포르노와 외도다. 둘 다 부부의 성생활에 심각한 악영향을 미칠 수 있다. 무엇보다도 포르노는 부부간 잠자리를 서로 연합하는 경험이 아닌 연기로 변질시킨다. 나는 남편이 자꾸만 포르노 영상에서 본 행위를 실험하는 바람에 성이 더럽게 느껴진다는 여성들을 여럿 보았다. 물론 성생활에 도움이 된다고 함께 포르노를 보는 부부들도 있다. 하지만 포르노는 관계적인 성생활에 전혀 도움이 되지 않는다. 포르노는 서로의 즐거움이 아닌 각자 자신의 만족에만 집중하게 만든다. 상대방을 사랑하고 즐겁게 해 주는 것이 목적이 아니기 때문에 신뢰와 친밀감을 무너뜨린다.

부부의 잠자리를 두려움에 기반한 기계적인 행위가 아닌 서로 즐기는 관계적인 놀이로 유지하기 위한 몇 가지 팁을 소개한다.

- ❤ 성관계를 시작하기 전에 한참 동안 함께 벗은 채로 함께 시간을 보낸다.
- ❤ 서로의 눈을 보며 상대방에게 고마운 점을 이야기하거나 함께 행복하게 보냈던 시간들을 회상한다(47쪽 CAKE에서 'A' 부분을 다시 보라).
- ❤ 서로를 어루만지며 성교를 맺다가 잠시 멈추고 껴안은 채로 잠시 시간을 보내라.
- ❤ 서로가 즐거운 경험이 되도록 도우라.
- ❤ 관계를 마치기 전에 서로 부드럽게 안은 상태로 쉬라.

다음과 같은 행동은 금물이다.

✗ 상대의 문제점이나 해야 할 일에 관한 이야기는 하지 말라.

✗ 아이들에 관한 이야기는 하지 말라.

✗ 지도나 제안하기를 두려워하지 말라.

✗ 관계를 마친 뒤에 그냥 쓰러져 자 버리거나 나가 버리지 말라. 한동안 연결된 상태를 유지하라.

부부간에 가지는 잠자리는 성적인 즐거움과 친밀함을 함께 나누며 서로 연결되어 있음을 느끼는 관계적인 연합의 시간이 되어야지, 아무런 즐거움 없이 그저 해치워야 하는 일이 되어서는 안 된다.

정해진 교제 시간

결혼 생활 20년 만에 파탄 직전에 이른 부부를 만난 적이 있다. 두 사람 모두 기독교 사역에 열심이었고 누구보다도 모범적인 부부처럼 보였기 때문에 그 부부를 아는 모든 이들은 큰 충격을 받았다. 일과 아이들을 우선시하던 삶이 결국 탈을 일으킨 것이었다. 두 사람은 어느 순간 서로가 낯선 사람처럼 느껴졌다. 서로를 향한 분노가 끓어올랐다. 둘 다 각자가 느끼는 문제에서 상대방을 탓했고, 끝내 돌파구가 보이지 않아 백기를 들기 직전이었다.

하지만 현재 이 부부는 너무 오래 방치해 관계가 망가진 부부들을 돕는 비영리 단체를 이끌고 있다. 비결이 무엇일까? 두 사람은 두 가지 큰 변화를 이루어 냈다.

첫째, 서로 소통하는 방식을 바꾸었다. 문제가 생기면 먼저 기도하고 그 문제에 관한 각자의 의견을 글로 쓴 뒤에 이메일로 서로 이야기를 나누었다. 그런 다음에야 서로 얼굴을 맞대고 이 문제에 관한 대화를 시작했다. 그들은 대화할 시간을 내기 위해 개를 샀다. 그 개가 밤마다 공원에 나가 산책을 하며 서로 이야기를 나눌 이유가 되어 주었다.

두 번째 변화는 함께 놀며 교제하기 위한 시간을 정하는 것이다. 매일 함께 산책하는 것이 출발점이었다. 나아가 그들은 매주 시간을 정해서 데이트를 하고 몇 달에 한 번씩 주말 휴가를 가기 시작했다. 그리고 함께 행복한 시간을 보내며 하루를 마무리하는 습관을 길렀다.[1]

함께 행복한 시간을 보내며 하루를 마무리하는 습관

은 부부가 함께 놀 줄 아는 가정을 만드는 중요한 열쇠 가운데 하나다. 이 시간을 위한 규칙은 두 가지다.

규칙 1 잠자리에 들기 30분 전에는 문제와 일에 관한 이 야기를 하지 않는다.

규칙 2 침실 불을 끄기 전에 함께 놀며 서로에게 감사하 고 서로를 인정하는 시간을 갖는다.

이렇게 단순한 두 가지 원칙만 지키는 데도 참으로 놀 라운 변화가 따른다. 잠자리에서 문제와 일에 관한 이야 기를 나누면서 왜 잠이 잘 오지 않고 부부 사이에 갈등이 많은지 이상하게 생각하는 부부들이 너무도 많다.

우정을 쌓아 가는 부부

우정은 안정적인 가정의 기초이며, 좋은 우정의 열쇠 중 하나는 함께 놀며 즐기는 것이다. 부부가 함께 놀며 즐 기기를 멈추면 온갖 문제들이 더 크게 보이기 시작한다.

반면, 함께 놀면 기쁨이 솟아나고 우정이 단단해진다.

이어지는 활동 섹션에서는 함께 놀기 위한 여러 가지 방법을 소개하고자 한다. 특별한 행사를 계획하고 관계적인 성생활을 하는 것 외에 부부가 함께 놀기 위한 다양한 활동을 소개할 것이다.

함 께 놀 기 활 동

수영을 할 때 물에 발가락 끝부터 조심히 담근 뒤에 발, 무릎, 몸통 순서로 조금씩 담그는 편인가? 아니면 겁 없이 온몸을 던져 사방에 물을 튀기는 스타일인가?

과감한 성격이든 조심스러운 성격이든 상관없이 다음 활동들의 효과를 볼 수 있다. 그러니 마음 편히 즐기라. 다만 억지로 할 필요는 없다. 쉬고 싶다면 쉬어도 좋다. 놀이는 힘들면 쉴 줄도 알아야만 재미가 있다. 따라서 쉬고 싶을 때는 상대방에게 말할 수 있어야 한다. 어떤 부부들은 쉬고 싶을 때 사용하는 암호가 있다. 쉼이 필요할 때 어떤 식으로든 상대방에게 알려야 이 활동들이 안전하고 즐거워진다.

앞서 옥시토신이라는 호르몬을 언급한 적이 있는데, 옥시토신은 '연합시키는 호르몬'bonding hormone으로도 불린다. 옥시토신은 뇌에 '내 배우자'가 좋다는 신호를 보냄으로써 기쁨을 '개인화'한다. 옥시토신은 서로를 붙게 해 주는 접착제와도 같다. 옥시토신은 서로 관대해지고 믿고 연결되게 만든다. 이 사랑의 호르몬은 서로 피부가 닿을 때 증가하기 때문에 곧 소개할 활동들은 다양한 육체적 접촉을 포함한다. 이 활동들이 처음에는 정적이고 심지어 딱딱해 보일지 몰라도, 사랑하는 사람과 함께해 보면 불꽃이 튀는 놀라운 경험을 하게 될 것이다.

이 활동이 얼마나 잘될지는 뇌 관계 회로 상태가 어떠하냐에 달려 있다.[2] 관계적인 뇌가 깨어 있으면 적잖은 기쁨을 느낄 수 있다. 반대로 관계적인 뇌가 잠자고 있으면 이 활동이 지루하고 귀찮게 느껴질 것이다. 그래서 각 활동에는 관계적인 뇌를 활성화시켜 효과를 극대화하기 위한 단계들이 포함되어 있다. 가만히 앉아서 감사를 느끼면 관계적인 뇌가 시동을 건다. 따라서 활동 중에 단절된 느낌이 들 때마다 이 방법으로 관계 회로를 재부팅하면 기쁨을 최대한 끌어올릴 수 있다.

이 활동들은 원래 순서대로 하도록 고안되었지만 각자에게 맞는 순서대로 해도 좋고 얼마든지 반복해도 좋다. 자, 시작해 보자.

눈을 마주 보며 미소 짓기 ⏱ 15분

1. 배우자의 눈을 바라보는 것은 뇌에서 기쁨이 증폭되도록 하는 가장 좋은 방법 가운데 하나다. 그다음으로는 목소리 톤 또한 눈빛 못지않게 중요하다. 기쁨의 눈으로 배우자를 보며 배우자의 기쁜 음성을 들으면 힘이 마구 솟을 수밖에 없다. 입이 아니라 눈 주위 근육이 자연스러운 기쁨이 표출되는 부위다. 상대방과 함께하는 순간이 기쁠 때 눈가에 웃음이 절로 피어나며, 사랑하는 사람을 바라볼 때 눈빛이 번뜩인다.

   눈을 마주 보며 미소를 짓는 행동에는 뇌의 기쁨 중추가 관여하며, 이 행동을 통해 비언어적인 커뮤니케이션이 활발하게 이루어진다. 따라서 먼저 관계적인 느낌으로 이 활동을 시작하라. 이어서 기쁨이 더 이상 자라나지 않는 다고 느껴지면 다른 곳을 보며 쉬라. 억지로 하지 말라! 이 활동은 눈싸움이 아닌 기쁨과 쉼의 시간이 되어야 한다. 배우자를 쳐다봐도 더 이상 기쁨이 자라나지 않는다면 즉 시 몇 초간 다른 곳을 보며 쉬라. 쉼은 정상적인 반응이다. 따라서 필요한 만큼 쉬라. 그리고 다시 자신도 준비가 되고 배우자도 준비가 된 것처럼 보인다면, 다시 서로의 눈을 바라보며 미소 짓기를 시작하라.

기쁨은 다양한 반응을 끌어낼 수 있다. 따라서 이 활동을 할 때 눈물에서 웃음까지 다양한 반응이 나와도 의아하게 생각할 필요가 없다. 이 활동이 좀 불편하다면 처음에는 음악을 틀어 놓고 적응해도 좋다. 경쾌한 음악과 잔잔한 음악을 번갈아 틀면서 어떤 음악이 자신에게 맞는지 확인해 보라. 이 활동을 여러 방법으로 해서 어떤 방법이 자신에게 가장 잘 맞는지 확인해 보라. 실제로 해 봐야 알 수 있다.

2. 서로 안은 상태에서 배우자와의 가장 좋았던 추억 한 가지를 회상하라. / 5분

3. 두 사람이 공통적으로 좋아하는 음악을 틀고서 서로 무릎

을 맞대고 앉아 손을 잡으라. 말없이 따뜻한 미소로 서로의 눈을 지그시 바라보다가(연결) 다른 곳을 보고(쉼) 필요할 때마다 쉬라. 2분 동안 연결과 쉼을 번갈아 가면서 반복하는 것이 좋다. / 2분

4. 활동을 마친 뒤에는 손을 잡거나 안고서 그 활동을 하고 나니 느낌이 어떤지 이야기를 나누라. 어떤 점이 특별히 눈에 들어왔는가? / 3분

5. 몇 분간 부드럽게 안은 채로 조용히 함께 쉬면서 활동을 마무리하라. / 5분

저녁 데이트 ⏱ 15분

1. 함께 즐길 수 있는 것을 하는 특별한 저녁 데이트를 계획하라. 그 데이트에 다음과 같은 활동을 포함시키라.

결혼식과 신혼여행에서 좋았던 순간들을 회상하라. 그 특별한 날에 당신을 웃음 짓게 만들었던 일은 무엇인

가? 재미있던 순간들을 최대한 많이 기억해 보라. 어떤 이유
로 결혼식을 떠올릴 때 기분이 좋지 않다면, 함께 보낸 휴가
처럼 서로에게 의미 있는 다른 추억을 떠올려 보라.   / 7분

2. 손을 잡거나 안고서 이 특별한 데이트에서 어떤 점이 특히
   즐거웠는지 나누라. 배우자의 마음과 인격이 어떤 면에서
   좋은지 세 가지를 말해 보라.   / 5분

3. 몇 분간 서로 부드럽게 안고 조용히 쉬면서 마무리하라.
   / 3분

관계 키우기 I   ⏱ 15분

1. 손을 잡거나 혹은 안고서 몇 분간 상대방의 어떤 면들이
   좋은지 말해 주라. 서로의 눈을 보고, 그런 면들이 실제로
   나타난 예를 들어 보라. 예를 들면, "당신의 배려와 사려
   깊은 면이 정말 좋아요. 오늘만 해도 내가 좋아하는 커피
   를 알아서 내 왔잖아요."   / 5분

2. 서로에게 감사하고 서로를 인정할 때 어떤 느낌이 드는지 주목하라. 이전 단계에서 무엇이 특별히 기억에 남았는지 이야기를 나누라.   / 3분

3. 잠시 신혼 때처럼 키스하는 시간을 가지라. 혹시나 식사 시간에 양파나 마늘을 먹었다면 미리 이를 닦으라.   / 2분

4. 몇 분간 부드럽게 안고 조용히 함께 쉬면서 활동을 마무리하라.   / 5분

침실에서의 기쁨 I ⏱ 15분

---

1. 이 활동은 사적인 공간에서 해야 한다. 원한다면 옷을 벗은 채로 해도 좋다. 침대에서 서로 안고 누워서 그날의 중요한 순간들에 관한 이야기를 나누라. 단, 분위기를 망치는 이야기는 피하라.   / 3분

2. 함께했던 친밀한 순간들 가운데 가장 좋았던 순간들에 관한 이야기를 나누며 서로를 애무하라. 그런 순간이 왜 당

신에게 의미가 있는지 구체적으로 말하라.   / 3분

3. 애무 없이 서로의 가슴에 손을 얹고 심장박동을 느끼며 조
   용히 안고 있으라.   / 3분

4. 이제 다시 몇 분간 애무하다가 안고서 번갈아 가며 서로의
   심장박동을 들으라.   / 3분

   그런 다음 둘 다 만족스러운 관계적인 성관계를 맺으라.
   필요한 만큼 시간을 사용하라.

5. 잠시 쉬고 나서 배우자의 마음과 정신, 몸의 어떤 점이 좋
   은지 인정해 주면서 마무리하라.   / 3분

기쁨 표현하기 ⏱ 15분

뇌는 말보다 비언어적 신호를 더 빨리 처리한다. 그래서
'무슨' 말을 하느냐보다 그 말을 '어떻게' 하느냐가 더 중요하다
는 말도 있다. 나는 *Transforming Fellowship*(변화를 일으키는 우
정)이라는 책에서 다음과 같이 말한 바 있다.

"눈 마주치기, 얼굴 표정, 목소리 톤(억양과 강세), 자세, 몸짓, 타이밍, 강도가 모두 커뮤니케이션이라고 하는 상호적인 춤에 영향을 미친다. …… 우리의 몸은 생각과 감정, 바람, 두려움, 가장 소중히 여기는 기억들을 표현하는 캔버스다. …… 우리의 뇌와 몸은 함께 이야기를 전해 주며, 그 이야기는 우리의 얼굴과 목소리에서 나타난다."[3]

먼저 비언어적인 뇌를 가동시켜 부부 사이의 기쁨을 끌어올리라.

1. 서로 안거나 손을 잡은 상태로, 각자 배우자를 처음 만났던 순간을 떠올리라. 어떤 상황이었는가? 그때 어떤 생각을 하고 어떤 기분을 느꼈는가? / 2분
2. 이제 돌아가며 배우자를 처음 만난 이야기를 비언어적으로 해 보라. 당시 어떤 상황이었으며 그때 어떤 생각을 하고 어떤 기분을 느꼈는지 얼굴 표정, 몸 동작으로 표현해 보라. 창의력을 발휘하면서 재미있게 해 보라. / 4분
3. 비언어적인 이야기를 마친 뒤에 이번에는 말로 상황을 묘사해 보라. / 6분
4. 둘 다 이야기를 마친 뒤에는 서로 안거나 손을 잡고서 잠

간 동안 있으라. 그리고 나서 이 활동의 어떤 점이 좋았는지 이야기를 나누라. 부드럽게 안고 조용히 쉬면서 활동을 마무리하라.   / 3분

관계 키우기 II ⏱ 15분

1. 서로 돌아가며 마사지를 해 주라. 목부터 시작해서 어깨와 팔, 손, 등으로 내려가라. 마사지를 하면서 상대방이 어떤 점들이 좋은지 상대방이 들을 수 있도록 말해 주라. 서로 똑같이 마사지를 받을 수 있도록 타이머로 시간을 재도 좋다.
   / 10분
2. 이 활동을 할 때 어떤 기분이었는지 나누라.   / 2분
3. 몇 분간 가만히 안고서 조용히 쉬라.   / 3분

상호적인 모험 ⏱ 15분

몸과 관계적인 뇌를 사용할 수 있는 즐거운 활동을 하라.

1. 탁구, 배드민턴, 제기차기, 그림 그리기, 업어 주기, 자전거 타기, 산책, 미니 골프, 제스처 게임처럼 함께할 수 있는 즐거운 활동을 하라. 단, 여기서 목표는 이기는 것이 아니라 웃으면서 즐기는 것이다.   / 12분
2. 활동이 끝나면 몇 분간 서로 안거나 손을 잡고서 이 활동을 하면서 어떤 점이 좋았는지 이야기를 나누라.   / 3분

슬기로운 부부 습관 둘.

감정에
귀를 기울이다

— 마음과 마음이 이어지다

여러 번 부부 세미나를 진행하면서 참여자들에게 항상 하는 질문이 있다.

"가정에서 가장 큰 문제점 세 가지는 무엇인가요?"

가장 먼저 나오는 문제점은 거의 대부분 '커뮤니케이션'이었다. 우리 대부분은 커뮤니케이션이 화목한 가정의 열쇠라고 생각한다. 물론 많은 부분 맞는 말이다. 그래서 이번 장에서 우리는 커뮤니케이션의 문제를 다룰 것이다. 하지만 그에 앞서, 커뮤니케이션이 항상 우리의 문제점들을 다루기 위한 첫 번째 단계는 아닌 이유부터 다루려고 한다.

관계 회로가 꺼져 있으면
커뮤니케이션은 쓸모없다 (때로는 위험하기까지 하다)

부부 전문가 게리 스몰리는 역사상 가장 많은 사람이 시청한 자기 계발 동영상인 '사랑의 관계의 열쇠들'을 개발했다.[1] 한 강좌에서 그는 관계적으로 닫힌 사람(1부 2장에서 언급한 뇌과학적 표현을 사용하자면, "스위치가 꺼진 사람")과 커뮤니케이션을 하려는 시도가 어떠한 것인지 설명한다. 그는 이 문제를 주먹에 비유한다. 상대방의 꺼진 관계 회로를 주먹이라고 상상해 보라. 상대방은 스위치가 꺼져 있기 때문에 완전한 자기방어 자세로 돌아서서 아무런 말도 하지 않는다. 이번에는 당신의 다른 손이 당신의 주먹을 향해 말하는 것처럼 오므렸다 폈다 해 보라. 스위치가 꺼진 사람과 대화하려는 것은 이렇게 주먹과 대화하려는 것과 비슷하다. 말이 그냥 튕겨져 나온다. 실질적인 커뮤니케이션이 이루어지질 않는다.

활짝 펴진 한쪽 손이 주먹과 이야기하려는 상황은 한 사람이 감정적으로 닫힌 사람과 이야기하려는 상황을 잘 묘사해 준다. 상대방은 스위치가 꺼져 있기 때문에 사실상 듣지 않고 있다. 이럴 때 우리의 말은 꺼진 관계 회로가 만들어 낸 딱딱한 감정적 껍질에 튕겨져 나온다.

사람들이 말을 하지 않는 이유 가운데 하나는 자신이 하고 싶은 말에서 상대방을 보호하기 위해서다. 그들을 닦달해서 결국 말을 하게 하면 불쾌한 말을 들을 수도 있다. 사람들이 말을 하지 않는 또 다른 이유는 자신을 보호하기 위해서다. 그들은 자신이 한 말이 부메랑이 되어 돌아올까 두려워한다. 뇌의 스위치가 꺼지면 반드시 관계적으로 닫힌다.

아내와 나는 이런 상황을 너무도 잘 안다. 결혼 초기, 나는 화가 나면 뇌의 관계 회로가 멈추었다. 아내에게 소리를 지르지는 않았다. 대신 입을 아예 다물어 버렸다. 그럴 때면 아내는 어찌할 바를 몰라 하며 힘들어했다. 당시 부부 사이에서 아내의 관계 기술은 커뮤니케이션뿐이었다. 그래서 어떻게든 내가 말을 하게 만들려고 했다. 하지만 화가 잔뜩 나서 내 관계적인 뇌가 멈추었을 때 내게 말을 거는 것은 전혀 좋은 생각이 아니었다.

영원처럼 느껴지던 몇 년의 세월이 흐른 뒤 우리는 좋은 커뮤니케이션과 관련된 뇌과학을 배우기 시작했다. 그러던 어느 날 아내는 다른 방법을 시도했다. 그날도 나는 말싸움 끝에 입을 닫은 상태였다. 아내는 침대에 앉아 있고 나는 소파에 앉아 있었다. 평소대로라면 아내는 어떻게 해서든 내 입을 열려고 애를 썼겠지만, 그날은 나를 보고 내 관계 회로가 완전히 꺼져서 억지로 말을 시켜 봐야 소용이 없다는 점을 간파했다.

대신 아내는 그냥 "당신 옆에 앉아도 돼요?"라고 물었다. 그 말에 나는 몹시 당황했다. 아내의 입에서 나오는 모든 말을 튕겨 줄 만반의 준비를 하고 있었건만, 씩씩거리는 남편 옆에라도 앉고 싶다는 말에는 어떻게 대응해야 할지 알 수가 없었다. 아내는 내 옆에 앉더니 이번에는 이렇게 말했다.

"당신 손을 좀 잡고 싶어요."

나는 마치 외계 생명체를 본 것처럼 아내를 쳐다봤다.

"뭐하자는 거요?"

말은 그렇게 했지만 아내가 손을 잡는 것을 뿌리치지는 않았고, 내 안에서 어떤 변화를 느꼈다. 마치 마음의 빗장이 풀리고 관계 회로가 다시 움직이기 시작하는 것 같았다. 갑자기 아내와의 관계가 부부 싸움에서 이기는 것보다 더 중요하게 느껴졌다.

아내는 내게 문제보다 관계에 초점을 맞추는 것이 무엇인지 똑똑히 보여 주었다. 그때부터 우리 부부 사이에 갈등이 생기면 둘 중 한 사람이 "문제보다 관계에 초점을 맞추자"라고 말하면서 상황에 접근했다. 우리에게 이 말은 대화를 계속하기 전에 관계 회로부터 켜야 한다는 사실을 일깨워 주는 신호가 되었다.

아내는 소통을 시도하기 전에 내 관계 엔진에 시동부터 걸었다. 바로 이것이 게리 스몰리가 강연회에서 추천한 방식이다. 스몰리는 관계적으로 닫혀 있는 사람과 대화를 시도하기 전에 먼저 그의 마음이 열리도록 도와야 한다고 말했다. 주먹이 긴장을 풀어야 손을 펴서 상대방의 말을 받아들일 수 있다. 이 점을 설명하기 위해 스몰리는 말하고 있는 손이 주먹을 쓰다듬어 위로하는 제스처를 취해 보였다. 그러고 나자 커뮤니케이션이 원활해졌다.

우리가 커뮤니케이션을 하지 못하는 것은 시도하지 않기 때문이 아니다. 완전히 닫힌 사람과 커뮤니케이션하려는 것이 문제다.

문제를 해결하기 전에
감정에 귀를 기울이라

우리 뇌는 오른쪽에서 왼쪽으로 데이터를 처리한다. 이는 관계적인 우뇌가 데이터를 받은 뒤에 문제 해결에 초점을 맞추는 좌뇌로 넘긴다는 뜻이다. 마찬가지로 커뮤니케이션도 우뇌에서 시작되어야 한다. 즉 '먼저' 감정에 귀를 기울인 다음, 그렇게 얻은 정보를 좌뇌로 넘겨 문제 해결을 시도해야 한다. 이 과정을 '인정'validation 이라고 부르는데, 이는 문제보다 관계에 초점을 맞추는 데 가장 중요한 도구다. 상대방이 어떤 감정을 느끼는지 정확히 파악하고, 상대방이 왜 그 감정을 느끼는지를 나름대로 판단해서 말해 주는 것이 인정이다.

인정은 상대방의 감정에 동의한다는 뜻이 아니다. 그런 감정을 품어도 된다고 말할 필요는 없다. 단지 상대방이 그런 감정을 느끼고 있다는 사실을 인정해 주기만 하면 된다. 예를 들어, 우리 아들이 폭풍우가 무서워 내 방에 들어올 때 "어린아이는 폭풍우를 두려워하는 것이 당연하단다"라고 말할 필요는 없다. 단지 "천둥이 치고 바람이 세게 불면 무섭지?"라고 말해 주면 된다. 그러면 아들이 고개를 끄덕인다. 그렇게 내가 그의 감정을 이해한다는 점을 보인 뒤에는 문제 해결 단계로 넘어가 이렇게 물을 수 있다. "엄마 아빠 방에서 같이 잘래?"

인정 이면의 뇌과학은 아주 간단하다. 뇌의 문제 해결 부분은 문제에 귀를 기울이는 경향이 있다. 반면, 관계적

부분은 감정에 귀를 기울인다. 관계 회로가 꺼져 있으면 감정에 귀를 기울이기가 거의 불가능하다. 그때는 오직 문제에 관해서 듣고 해결법을 모색하기만을 원하게 된다.

한 예비 부부가 상담을 받으러 왔을 때 나는 감정에 귀를 기울이는 일이 왜 중요한지 이해시키기 위해 한 가지 활동을 하게 했다. 먼저 두 사람 사이에 의견 차이 때문에 해결하지 못하는 문제가 있는지 물었다. 그러자 두 사람은 서로 약속이나 한 듯이 '바로 그거야!'라는 표정으로 서로를 바라보았다. 남자는 결혼 전에 집부터 지어야 한다고 주장했다. 하지만 약혼녀의 의견은 달랐다.

"제삼자가 있는 자리에서 이 문제에 관해 토론해 보면 어떨까요? 그렇게 하면 두 분이 어떤 식으로 문제를 해결하는지 제가 볼 수 있겠네요."

내가 이렇게 말하고 나서 보니 두 사람이 문제를 해결하는 모습은 썩 아름답지 못했다. 두 사람은 결혼을 앞둔 여느 커플처럼 결혼에 대한 기대감에 부풀어 있었지만 이 대화를 시작한 지 몇 분도 되지 않아 흥분하는 모습을 보였다. 보다 못한 나는 개입할 때가 되었다고 판단했다.

"자, 다시 해 봅시다. 이번에는 문제에 귀를 기울이지 말고 상대방의 '감정'에만 집중해 보세요. 상대방의 감정이 무엇이며 그 감정이 얼마나 강한지 파악해 보세요."

그러고 나서 여자에게는 결혼식 전에 집부터 짓는 것이 좋지 않다고 생각하는 이유를 말하라고 하고, 남자에게는 경청하라고 말했다. 이 대화를 관찰하면 누구나 여자의 감정이 두려움이라는 사실을 금방 알아챘을 것이다. 여자는 남자가 집 짓는 일에만 정신이 팔려 결혼식은 찬밥 신세가 될까 봐 두려워하고 있었다. 나는 당연히 '두려움'이라는 답이 나오리라 생각하며 남자에게 물었다.

"자, 약혼녀의 이야기에서 어떤 감정을 들었나요?"

하지만 남자에게서는 전혀 뜻밖의 대답이 나왔다.

"분노요."

"분노요? 당신은 아주 직관적인 사람이거나 경청을 잘 모르는 사람이군요."

그러자 남자는 "제가 좀 직관적인 것 같습니다"라고 대답했다.

"좋습니다. 어디서 분노를 들었는지 말해 보세요."

그러자 남자는 지체 없이 대답했다.

"말싸움에서 질 줄 알고서 화가 난 겁니다."

나는 이 활동을 다시 해 보자고 했다. 단, 이번에는 직관적으로 듣지 말고, 그가 생각하는 약혼녀의 감정이 아니라 '약혼녀 자신'이 생각하는 그녀의 감정을 파악해 보라고 말했다. 다행히 이 방법은 통했다. "결혼식 전에 집을 지으면 내가 건축에 정신이 팔려서 생애 가장 중요한 날에 신경을 제대로 쓰지 않을까 두려워하고 있습니다."

　　남자의 말에 여자는 울기 시작했다. 여자는 이해받는 기분을 느꼈고, 그 기분이 다시 안정감을 찾아 주었다. 여자는 울다가 불쑥 이렇게 말했다.

　　"그래요. 집부터 지어요!"

　　그 말에 나는 또다시 어리둥절해졌다. 어쨌든 그 말에서 약혼자를 믿는 마음이 느껴졌다.

　　나는 분위기를 진정시키고 나서 이번에는 여자가 남자의 감정에 귀를 기울일 차례라고 말했다. 나는 남자에게 왜 꼭 집부터 지으려고 하는지 그 이유를 여자에게 말해 주라고 했다. 남자의 첫 대답은 감정은 전혀 개입되지 않았고 그저 논리적인 결정이었을 뿐이라고 했다.

　　나는 "그래요?"라며 고개를 끄덕였다.

　　여자가 몇 가지 날카로운 질문을 던지자 결국 남자는

아버지에게 잘 보이려는 의도가 있었음을 깨달았다.

"결혼하기 전에 가족이 살 집을 지으면 아버지가 저를 무척 자랑스러워하실 거라고 생각했습니다."

큰 소리로 이 말을 이어 가던 순간 남자의 속에서 뭔가가 울컥했고, 곧 두 사람 모두 눈물을 흘리기 시작했다.

문제가 아닌 감정에 귀를 기울이는 이 간단한 활동을 통해 두 사람의 관계는 전보다 더 깊어졌다. 그렇게 그들은 관계를 해치지 않고 문제를 해결할 수 있었다.

가짜 인정

전혀 효과가 없는 가짜 인정이 가능하다. 상대방의 감정을 정확히 인정해 주지 않고 대충 "이해해"라고 말해 버리는 경우가 그렇다. 이것은 가짜 인정이다. 상대방의 감정을 알려고 노력하지 않고 그냥 "이해해"라고 말하면 상대방은 그 말을 "그만 좀 해! 지겨워!"라는 뜻으로 받아들인다.

"이해해" 뒤에 "자기야"와 같은 애칭을 붙여 봐야 소용이 없다. 오히려 기분만 더 나빠질 뿐이다. "네가 두렵거나 화난 것을 알아"라는 식으로 상대방의 감정을 정확히 말해 주어야 한다. 그냥 "이해해"라는 말은 실제로 감정을 인정해 주는 말이 아니라 대화를 중단시키는 말이다.

여섯 가지 주요한 부정적인 감정들

감정에 귀를 기울이는 법을 돕기 위해 여섯 가지 주요한 부정적인 감정들을 살펴보고자 한다. 이 여섯 가지 감정들은 서로 결합되어 다른 부정적인 감정들(예를 들어, 두려움과 절망감의 결합은 주로 공포감으로 나타난다)을 낳는다. 그래서 이 여섯 가지를 이해하고 그것들을 듣는 법을 배우면 감정을 정확히 파악하고 인정해 주는 능력이 크게 나아진다.

우리는 이 부정적인 감정들을, 외우기 쉽도록 두문자어인 'SAD-SAD'(슬프디 슬픈) 감정으로 부른다. 뇌는 기쁨의 감정 위에서 가장 잘 작동하지만, 이런 부정적인 감정은 어떤 식으로든 기쁨이 사라진 상태다. 이 모든 감정은 우리 몸에 실질적인 영향을 미친다. 이 감정들을 알면 자신이나 남들의 감정을 파악하는 데 도움이 된다.

슬픔Sadness "내게 기쁨을 주는 뭔가를 잃어버렸어." 슬픔은 낮은 에너지의 감정이다. 마치 누군가가 브레이크를 밟아 우리 몸이 운동력을 잃어버린 것처럼 느껴진다. 슬픔은 삐죽 나온 입술, 눈물, 축 처진 몸으로 표현할 수 있다. 관계와 일상의 삶에 변화가 일어날 때 찾아오는 상실감이 슬픔을 낳을 수 있다. 마음이 허전할 때 곁에 배우자가 없거나 배우자와 데이트 약속을 잡았는데 어쩔 수 없이 취소해야 할 때 슬픔이 찾아올 수 있다. 육체적 신호를 잘 살피면 배우자의 슬픔을 감지하는 데 도움이 된다. 그 감정을 인정해 주면 배우자는 우리가 그를 실망감과 상실감 속에 홀로 내버려 두지 않고 함께 슬퍼하고 있다고 느낄 수 있다.

불안Anxiety "미래를 생각하면 불안해." 슬픔은 낮은 에너지의 감정인 반면, 불안은 높은 에너지의 감정이다. 불안은 투쟁이나 도피 반응 혹은 경직된 상태를 야기한다. 그럴 때 온몸에서 아드레날린이 치솟는다.

두려움과 불안은 짝을 이룬다. 두려움은 우리를 위협하는 뭔가에 대한 반응인 반면, 불안은 상상에서 비롯한다. 우리는 온갖 부정적인 상황을 상상할 수 있다. 그래서 누구나 때때로 불안을 느낀다. 사람들과 연결된 상태를 유지하며 자신이 혼자가 아니라는 사실을 기억하면 불안을 흩어 버리는 데 도움이 된다. 배우자의 불안감을 인정해 주면 두 사람이 서로 연결되어 안정감을 느낄 수 있다.

절망감Despair "내가 기쁨을 누린다는 건 도저히 불가능한 일인 것 같아." 절망감은 또 다른 낮은 에너지의 감정이다. 절망감은 우리 몸에서 에너지를 앗아 간다. 그래서 팔다리가 축 늘어지고 아무것도 할 힘이 없는 듯 느껴진다. 미래를 볼 때 아무런 기쁨의 희망이 보이지 않으면 절망을 느낀다. 절망감은 기쁨을 앗아 가는 원인을 해결할 시간이나 능력이 없는 상황을 의미한다. 절망감은 희망이 없는 상태이며, 거의 모든 우울증의 근본 원인이다. 절망감은 자신의 문제를 풀 만한 방법이 없다는 느낌이다.

절망감을 찾아서 인정해 주는 데 어려움을 겪는 사람들이 있다. 절망한 사람 곁을 묵묵히 지켜 주기보다는 어떻게든 희망을 제시하고 문제를 해결하도록 도우려고만 하기 때문이다. 먼저 상대의 절망을 인정해 주어야 한다. 섣불리 위로하기보다는 상대방의 감정과 상황을 이해한다는 점을 보여 주는 것이 먼저다.

수치심Shame "나는 다른 사람들에게 아무런 기쁨도 주지 못해. 어디에라도 숨고 싶어." 수치심도 낮은 에너지

의 감정이다. 자신과 가까이하기를 원하는 사람이 없다
고 생각해 어깨가 축 늘어져 있다. 남들이 가까이 다가오
지 않는 것이 자신의 문제라고 생각하기 싫어 어떻게든
자신을 변호하려고 한다.

건강한 수치심은 자신의 태도와 행동에서 어떤 점을
고쳐야 하는지 깨닫는 것이다. 하지만 해로운 수치심은
자신이 원래 나쁜 인간이기 때문에 자신의 존재 자체가
수치심의 원인이라고 믿는 것이다. 누군가의 수치심을
인정해 주면 그가 숨고 싶을 때조차 그와 함께하고 싶다
는 마음을 전해 줄 수 있다.

분노^{Anger} "이것이 내 기쁨을 빼앗아 가고 고통만 안
겨 줘. 그래서 당장 멈추게 하고 싶어." 분노는 높은 에너
지의 감정이다. 분노는 우리 몸에서 아드레날린을 분비
시켜 눈앞의 상황을 멈추기 위한 싸움에 대비하게 한다.
분노는 고통을 끝내거나 혹은 복수를 하려는 욕구에서
비롯하는 경우가 많다. 우리가 다른 사람에게 고통을 가
하려는 것은 대개 우리가 당했다고 생각해 받은 고통을
되돌려 주고 싶기 때문이다. 분노가 우리를 향하고 있을
때는 그 감정을 인정해 주기가 힘들 수 있다.

이때 "내가 나를 먼저 챙겨서 당신을 배신했다고 생각하는 거지? 그래서 화가 난 거고?"와 같은 말은 긴장된 분위기를 완화시키는 데 도움이 된다. 분노를 인정해 주는 것은 눈앞에 닥친 상황에 자신의 책임이 있음을 인정하는 것이며, 적어도 상대방의 감정을 이해하고 있음을 보여 주는 것이다.

역겨움Disgust   "저 사람에게 혹은 이 상황에 더 이상 관여하고 싶지 않아." 역겨움은 토하고 싶은 느낌과 관련된 낮은 에너지의 감정이다. 토하는 것은 실수로 먹은 독을 제거하려는 우리 몸의 보호 본능과 관련이 있다. 역겨움은 무언가에게서 혹은 누군가에게서 최대한 멀리 떨어지게 만든다.

내가 역겨움을 이해하는 데 도움이 된 경험은 기저귀를 가는 일이었다. 기저귀 냄새에 구역질이 나면서도 기꺼이 아기 곁으로 다가가 필요한 일을 해 주기 위해서는 성숙함이 필요하다. 상대방의 역겨움을 인정해 주면 기꺼이 상대방의 불쾌함을 함께 나누고 그 불쾌한 상황에서도 곁을 지켜 주겠다는 의지를 보여 줄 수 있다.

상대방에게 이기려는 자세

감정에 귀를 기울이는 법을 배우는 것은 문제보다 관계에 초점을 맞추는 법을 배우는 첫걸음이다. 감정에 귀를 기울이면 관계적인 우뇌가 움직인다. 그렇게 되면 관계 회로가 켜진 상태를 유지한다. 반면, 감정에 귀를 기울이지 않고 문제에 초점을 맞추면 관계적인 우뇌가 가동을 멈추고 좌뇌만 문제 해결을 위해 풀가동한다.

내가 문제에 관해서 듣자마자 상대방의 말을 자르거나 경청을 그만두면 내 뇌의 가동이 문제 해결 부분으로 넘어갔다는 신호다. 당장 뇌의 기어를 바꾸지 않으면 아내의 문제에 거만하게 반응할 수 있다. 듣기를 성급하게 멈추고 반응했다가는 엉뚱한 문제를 다룰 수밖에 없다. 관계적인 연결이 부족했다고 사과하고 다시 감정에 귀를 기울이지 않으면 갈등이 고조될 수밖에 없다. 관계보다 상대방에게 이기는 것을 중시하는 비관계적 문제 해결 모드에 빠지면 오히려 문제가 발생한다.

상대방에게 이기려는 자세의 문제점은 이겨서 관계가 강해지는 경우는 거의 없다는 것이다. 자신이 틀렸는데도 계속해서 이기려고 할수록 인격은 비뚤어진다. 극

단적인 경우, 양심 없이 오직 이길 방법만 생각하는 사람들을 소시오패스라 부른다. 그들은 자신이 이길 수만 있다면 남들은 상처를 받든 말든 상관하지 않는다. 물론 우리 대부분은 소시오패스가 아니다. 하지만 우리 모두 때로는 관계를 생각하지 않고 자신의 옳음만 주장하는 소시오패스 패턴에 빠질 때가 있다.

우뇌가 먼저 움직여야 한다

이번 장 첫머리에서 말했듯이 뇌과학에 따르면 좌뇌 활동보다 우뇌 활동이 먼저 이루어져야 한다. 문제를 다루기 쉽도록 작게 만드는 좌뇌 활동인 '위로'보다 우뇌 활동인 '인정'이 우선이라는 말이다. 순서가 중요하다. 우뇌 활동이 좌뇌 활동보다 먼저 이루어져야 한다. 그렇지 않으면 오히려 더 많은 문제가 발생한다.

짐 와일더와 나는 *Rare Leadership*(드문 리더십)이라는 책에서 이 순서를 기억하기 쉽도록 'VCR'이라는 두문자어를 사용했다.

인정하라Validate   우뇌는 상대방의 감정이 무엇이며 얼마나 강한지를 정확히 규명함으로써 인정한다. 이를 위해서 우리는 이번 장 주제인 감정에 귀 기울이는 법을 배워야 한다.

위로하라Comfort   우뇌가 인정을 한 뒤에는 좌뇌가 상대방과 함께 문제를 해결함으로써 위로한다. 위로의 목표는, 상대방의 문제를 다루기 쉽도록 작게 만들 수 있는 전략과 관점을 제시하는 것이다. 위로에는 해당 감정의 한복판에서도 감사할 거리를 찾는 과정이 포함된다.

패턴을 바꾸라 Repattern   인정과 위로의 과정을 반복하다 보면 뇌가 이 패턴을 새로운 정상으로 받아들이기 시작한다. VCR 패턴이 자신과 주변 사람들의 감정에 반응하는 자연스러운 습관이 된다. 이런 감정에서 회복될 수 있다는 사실을 뇌가 배우면서 시간이 지날수록 이런 감정에 대한 두려움이 사라진다.

뇌가 이런 새로운 패턴을 배우기 전까지는 감당하기 힘든 감정을 일으키는 사람이나 상황을 피하게 되어 있다. 분노에서 회복되는 법을 배우기 전에는 분노를 자아내는 사람과 상황을 피한다. 두려움에서 기쁨을 되찾는 법을 배우기 전까지는 두려움을 일으키는 사람과 상황을 피한다. 하지만 뇌가 인정과 위로를 통해 기쁨을 되찾는 법을 배우면서 이런 감정이 점점 덜 부담스러워진다. 이런 감정을 일으키는 사람을 상대하거나 그런 상황에 계속해서 참여할 수 있게 된다.

인정을 건너뛰고 위로라는 좌뇌 활동으로 곧바로 넘어가면 대개 문제는 더 악화된다. 이런 사람을 가리켜 '해결자'라고 부를 수 있다. 해결자는 감정에 귀를 기울이는 것보다 상대방의 문제점을 바로잡는 데 더 관심이 있다. 인정과 위로 둘 다 중요하지만 둘 사이에는 순서가 매우 중요하다. 상대방이 문제를 다루기 쉽도록 작게 만들어 주는 것도 좋지만 '먼저' 상대방의 감정을 듣고 인정해 주어야 한다. 순서를 뒤집으면 상대방은 우리가 자신에게 관심이 없다고 느낀다.

이번 활동에는 관계 회로를 켜고 상대방의 감정을 정확히 듣고 파악하도록 도와주는 여러 시나리오가 포함되어 있다. 먼저 가벼운 감정들에 초점을 맞추는 편이 좋다. 다른 모든 기술과 마찬가지로 고급 단계로 넘어가기 전에 초보 단계부터 연습해야 한다.

두 번째 활동에 이른 것을 축하한다. 이 활동을 통해 당신과 배우자는 감정을 지각하고 읽고 듣는 기술을 훈련할 것이다. 감정과 고통, 문제보다 관계에 초점을 맞출 수 있도록 관계 회로를 활성화하는 법을 배워 보자.

감정을 들을 수 있도록 관계적인 뇌를 훈련시킬 때 중요한 기술 가운데 하나는 '마음 시력'mindsight이라는 기술로, 관계적인 판독 기술이라고 생각하면 쉽다. 우리는 마음 시력을 사용해 다른 사람의 보디랭귀지와 목소리 톤, 얼굴 표정을 '읽고' 해석한다. 마음 시력이 정확하면 상대방의 마음을 직시하고 이해할 수 있다.

예를 들어, 배우자의 마음을 읽고서 "피곤해 보이네요. 좀

쉴래요?"라고 말하면 배우자는 관심과 이해를 받고 있다고 느낀다. 이 기술은 부정적인 감정을 처리하는 데 도움이 되는 친밀함과 연결되어 회복할 수 있는 힘을 낳는다.

우리의 마음 시력이 부정확하면 배우자의 묵은 상처가 터진 순간을 제대로 파악할 수 없다.[2] 고의가 아니었더라도 배우자의 지난 상처를 떠올리게 한 내 말이나 목소리 톤, 행동에 배우자가 과민반응을 보일 수 있다. 그럴 때 우리는 배우자의 마음을 제대로 헤아리지 못하고 그 반응을 잘못 해석할 수 있다. 그렇게 되면 부부 사이에 갈등과 오해가 발생한다.

이런 상황을 얼마든지 피할 수 있다. 그 방법 가운데 하나는 감정적인 뇌로 비언어적 신호를 읽어 배우자의 반응을 예측하고 배우자에게 우리의 의도를 올바로 이해시키는 것이다.

다음에 소개하는 활동들을 하는 목표는 우리 뇌의 관계적인 판독 능력을 향상시키기 위해서다. 우리 몸은 감정적인 뇌를 위한 캔버스다. 예술 작품처럼 우리의 몸은 자신의 정서적인 건강이 어떤지 드러내 보여 준다. 근육의 긴장과 호흡에 관심을 기울이면 강한 감정이 표출되고 있는지 혹은 슬슬 피어오르는지 판단할 수 있다. 인정과 위로의 원투펀치를 연습하면 우리 뇌가 감정을 더 잘 읽을 수 있도록 훈련시킬 수 있다.

행복과 슬픔 ⏱ 15분

1. 배우자의 손을 잡고 오늘 있었던 일 가운데 행복했던 일 세 가지를 나누라. 이어서 슬펐던 일 한 가지를 서로 이야기하라. 행복하거나 슬플 때 몸의 느낌이 어떠했는지도 이야기하라. 예를 들면, "동료가 내 일을 도와줄 때 기뻤어요. 기분이 좋아지고 몸이 가볍고 덜 힘든 느낌이었어요." / 3분

2. 이번에는 배우자가 당신의 말에서 감정적인 내용을 정리해 주고 배우자가 관찰한 내용을 덧붙인다. 한 번에 한 가지 일씩 다루어도 좋다. 예를 들면, "동료가 도와줄 때 기분이 좋고 몸이 덜 힘든 것을 느꼈군요. 그 이야기를 할 때 당신 얼굴에 미소가 번졌어요." "마트에서 어떤 사람이 우리 딸을 나무라는 모습을 보고 기분이 너무 나쁘고 몸이 축 처졌군요. 그 이야기를 할 때 당신이 힘이 없어지고 목소리 톤이 슬퍼지는 것을 느꼈어요." / 3분

3. 배우자와 역할을 바꿔서 다시 해 보라. / 6분

4. 이 활동을 하고 나니 기분이 어떤지 이야기하고 나서 부드럽게 안고 조용히 쉬면서 활동을 마무리하라. / 3분

기쁨의 회상 Ⅰ ⏱ **15분**

1. 작년에 배우자와 함께했던 즐거운 추억을 생각해 보라.
   / 2분

2. 그 이야기를 하기 전에 다음과 같은 사항에 관해 메모를 하라. 내 몸의 기분은 어떠했는가? 어떤 감정들을 느꼈는가? / 1분

3. 배우자의 손을 잡고 서로의 눈을 마주 보면서 위에서 이야기한 내용들을 포함시켜서 그 이야기를 짧게 하라. / 6분

4. 이야기를 마치고 나서 돌아가며 상대방의 이야기에서 감정적인 내용을 정리하고 인정해 주라. 예를 들면, "주말에 함께 바닷가로 여행을 갔던 일이 그렇게 특별하게 느껴지고 좋았군요. 몸과 마음이 편안해져서 뭉쳐 있던 어깨 근육의 긴장이 싹 풀렸다고요?" / 3분

5. 이 활동에서 어떤 점이 눈에 띄었는지 이야기를 나누고 나서 부드럽게 안고 조용히 쉬면서 활동을 마무리하라.
   / 3분

거울반응하기 ⏱ 15분

1. 오늘 하루 중에 평안을 느꼈던 순간, 그리고 평안이 사라 졌던 순간을 떠올려 보라. 짧고 간단한 상황이어야 한다. / 2분

2. 두 상황을 생각하며 다음 질문에 간단하게 답해 보라. 내 몸의 기분은 어떠했는가? 어떤 감정들을 느꼈는가? 예를 들면, "오늘 아침 커피 한 잔을 마실 때 기분이 좋고 평온 했다." "출근할 때 길이 꽉 막혀서 지각할까 봐 불안했다. 가슴이 답답했다." / 2분

3. 이제 돌아가면서 몸의 기분과 감정을 포함해서 서로에게 그 이야기를 해 보라. 배우자가 하나의 이야기를 마치면 상대방은 관찰하고 들은 것을 바탕으로 비언어적으로(몸 짓이나 얼굴 표정, 연기로) 그 이야기를 정리해 주라. 이번에 는 다음 이야기에 대해서 똑같이 하라. 이렇게 하면 마음 시력이 좋아진다. 비언어적 언어에는 눈 마주치기, 얼굴 표정, 목소리 톤, 자세, 손짓, 몸짓, 타이밍, 강도 등이 있

다.   / 8분

4. 둘 다 이야기를 마친 뒤에는 이 활동에서 어떤 점이 눈에 띄었는지 이야기를 나누고 나서 부드럽게 안고 조용히 쉬면서 활동을 마무리하라.   / 3분

내가 좋아하는 것들 ᛟ 15분

---

1. 어릴 적에 좋아했던 활동들이 무엇인지 돌아가며 이야기하라. 그 활동이 자신에게 의미가 있는 이유, 그리고 그 활동과 관련된 특별한 기억을 나누라. 예를 들면, "어릴 적에 자전거를 타고 동네 한 바퀴 도는 일이 그렇게 좋았어요. 얼굴에 부딪히는 바람이 얼마나 좋던지……. 내게는 참 특별한 추억이에요. 덕분에 즐겁게 신문을 배달했던 기억이 나요."   / 3분

2. 각자 좋아하던 활동을 이야기한 뒤에 돌아가며 그 활동이 상대방에게 정말 중요하다는 점을 인정해 주라. 예를 들

면, "어릴 때 신문을 배달하며 자전거를 타는 것이 그렇게 즐거웠군요. 얼굴에 시원한 바람을 맞으면 기분이 무척이나 상쾌했겠어요." / 2분

3. 이제 돌아가며 각자 좋아하는 음식과 그 음식을 왜 좋아하는지 이야기하라. 그 음식과 관련된 특별한 추억도 함께 나누라. / 3분

4. 각자 좋아하는 음식에 관한 이야기를 한 뒤에 돌아가며 그 음식이 상대방에게 정말 중요하다는 점을 인정해 주라. / 2분

5. 그다음에는 각자 좋아하는 노래를 한 곡씩 말해 보라. 그 노래가 자신에게 중요한 이유와 그 노래와 관련된 특별한 추억들도 이야기하라. 노래 대신 영화나 책, 성경 구절에 관한 이야기를 나누어도 좋다. / 3분

6. 좋아하는 노래에 관한 이야기를 나눈 뒤에는 그 음악이 상대방에게 정말 중요하다는 점을 인정해 주라. / 1분

7. 서로 부드럽게 안고서 조용히 쉬면서 활동을 마무리하라. / 1분

이번 주에 만족스러웠던 일 ⏱ 15분

만족을 배우는 것은 어릴 적에 반드시 이루어져야 할 일이다. 만족을 아는 부부의 가정은 흔들리지 않는 반면, 만족이 없는 가정에는 늘 불필요한 갈등과 긴장이 감돈다. 만족할 줄 아는 부부는 늘 기쁨을 누리며 부부 사이에 불만이 거의 없다. 또한 그런 부부는 자신의 감정을 정확히 알 뿐 아니라 서로의 감정을 헤아리고 챙길 줄 안다.

1. 이번 주에 만족스러웠던 일 다섯 가지와 만족스럽지 않았던 일 다섯 가지를 돌아가며 말해 보라. 목록으로 작성해도 좋고 휴대폰에 적어 두어도 좋다. 예를 들면, "이번 주에 아름다운 날씨가 좋았어요." "지난밤에 온 가족이 영화를 봐서 너무 좋았어요." "동료들과 점심 시간에 음식점에서 했던 생일 축하 파티가 즐거웠어요. 서로 사랑을 주고받은 만족스러운 시간이었어요." "월요일에 우리 집 개가 내 신발을 물어뜯어서 기분이 좋지 않았어요." "오늘 아침

121

시리얼에 넣을 우유가 없어서 짜증 났어요." "어제 저녁에
아들이 인사도 하지 않고 외출을 해서 기분이 나빴어요."
/ 3분

2. 목록을 완성한 뒤에는 둘 중 한 사람이 만족 목록을 읽으
라. / 1분

3. 한 사람이 만족 목록을 읽고 나서 다른 사람이 상대방의
감정을 인정해 주라. / 1분

4. 한 사람이 불만족 목록을 읽은 뒤에 다른 사람이 상대방의
감정을 인정해 주라. / 2분

5. 다음 단계로 넘어가기 전에 잠시 서로 안고서 쉬라. / 2분

6. 역할을 바꿔서 같은 순서대로 하라. / 4분

7. 이 활동에서 무엇이 눈에 띄었는지 잠시 이야기를 나눈 뒤
부드럽게 안고 조용히 쉬면서 활동을 마무리하라. / 2분

인정과 위로 ⏱ 15분

　　인정은 상대방이 느낀 부정적인 감정이 얼마나 큰지 헤아리고 그것을 말해 주는 것이다. 부부는 서로의 약한 부분을 너그럽게 봐주어야 한다. 워너가 앞서 말했듯이 이 활동을 하는 목적은 배우자를 바로잡는 것이 아니라 그의 감정을 공감해 주는 것이다.

　　"이 문제로 고민이 많군요. 정말 힘들겠어요!"(인정)

　　"내가 당신 곁에 있어서 얼마나 다행인지 모르겠어요. 이 상황에서도 감사할 만한 점이 있을까요?"(위로)

1. 오늘 하루 중 좋았던 일들을 나누라. 이 단계를 통해 뇌의 관계 회로에 슬슬 시동을 걸라.　/ 2분
2. 최근에 당신을 힘들거나 의기소침하게 만들었던 상황을 나누되 감정이 너무 격해지지 않도록 절제하라. 번갈아 가며 배우자에게 상황을 이야기하라. 예를 들면, "오늘 내 상황을 상사에게 이야기했지만 무시를 당해서 상처받았어

123

요. 나 자신이 한없이 작아지는 기분이었어요." / 2분

3. 배우자의 이야기를 듣고 그 감정을 인정해 준(배우자가 말할 때 보고 들은 것을 그대로 말해 준) 뒤에 그 상황에서도 감사할 거리를 찾아서 위로해 주라. 예를 들면, "정말 힘들었겠어요. 당신 이야기에 나도 마음이 아파요!(인정) 그래도 내가 당신의 말을 들어 줄 수 있어서 다행이에요. 또 마이크가 나중에 당신을 위로해 줘서 다행이고요. 또 감사할 거리가 없을까요?(위로) / 1분

4. 둘 다 이야기를 했으면 이 활동을 한 느낌이 어떠했는지 서로 나누라. / 2분

5. 이제 기쁨 쪽으로 분위기를 바꿀 차례다. 30초 동안 오늘 하루 중 좋았던 일들을 떠올려 보라. 그런 다음 서로 무릎을 맞대고 앉아 손을 잡으라. 말은 하지 말고, 눈을 마주 보고 미소 짓기 활동을 하라. 따스한 웃음, 기쁨과 사랑이 가득한 표정으로 서로를 보고 나서 서로에게서 시선을 거두어 다른 곳을 바라보며 쉬라. 원한다면 음악을 틀어도 좋다. / 3분

6. 이번에는 번갈아 가면서 배우자의 존경스러운 점 세 가지를 나누라. / 3분

7. 편안하게 안고 조용히 쉬면서 활동을 마무리하라. / 2분

인정과 위로를 통해 우리는 서로에게 이해와 관심을 받고 서로 연결된 느낌을 받을 수 있다. VCR 활동이 실패하는 흔한 이유 중 하나는 배우자에게서 구체적인 감정을 찾지 못하는 것이다. 그러면 당연히 배우자의 감정을 인정해 줄 수 없다. 따라서 배우자의 감정을 알아채는 뇌의 능력을 계속해서 개발하라.

1. 오늘 감사한 일을 짧게 나누라. / 2분
2. 다음 목록의 감정들이 어떤 느낌인지 비언어적으로 표현해 보라. 이 감정을 느낄 때 몸에서 어떤 일이 일어나는가? 눈 마주치기, 얼굴 표정, 목소리 톤, 자세, 손짓, 몸짓, 타이밍, 강도를 사용하여 자신의 감정을 최대한 묘사하라. 그리고 언제나처럼 즐겁게 하라. 필요하다면 일어서서 온몸을 사용해도 좋다. / 7분

기쁨 "당신과 함께 있어서 얼마나 좋은지 몰라요!"

슬픔 "내게 기쁨을 주던 것을 잃어버렸어요."

불안 "나중에는 이만큼 기쁘게 살지 못할까 봐 두려워요."

절망감 "나는 평생 기쁨을 모르고 살아야 할 사람인가 봐요. 기쁨을 앗아 가는 문제점을 해결할 시간도, 의지도 없어요."

수치심 "당신에게 기쁨이 되지 못해서 숨고만 싶어요."

분노 "이것이 내 기쁨을 앗아 가고 있기 때문에 당장 멈추게 하고 싶어요."

역겨움 "나를 무기력하게 만들고 내 기쁨을 앗아 가는 이것에서 벗어나고 싶어요."

3. 이 활동을 마치고 나서 이 활동에서 무엇이 눈에 띄었는지 나누라. 특히, 다음 두 가지를 꼭 나누라. 어떤 개인적인 감정을 다루기가 가장 힘든가? 배우자에게서 어떤 감정을 알아차리기가 특히 힘든가? / 2분

4. 서로 손을 잡고 배우자의 얼굴에서 무엇이 마음에 드는지 서로 이야기하라. 그리고 나서 눈을 마주 보며 미소 짓기 활동을 하라. / 3분

5. 부드럽게 안고 조용히 쉬면서 활동을 마무리하라. / 1분

♥

　사랑하는 사람과 상호작용하다 보면 감정에 귀를 기울일 기회가 끝이 없다. 하나님은 그분의 형상을 따라 우리를 감정을 지닌 존재로 창조하셨다. 그렇다. 하나님도 감정이 있으시다! 감정은 나쁜 것이 아니다. 관심을 기울여야 할 뭔가가 있음을 알려 주는 신호다. 기회가 있을 때마다 인정과 위로로 배우자를 격려하기를 바란다. 행복과 슬픔 활동을 매일 하면서 가정의 기쁨 수준이 어떻게 변하는지 눈여겨보라.

　이 활동을 하기에는 저녁 시간이 좋다. 저녁 식탁에서 하루를 돌아보며 사랑하는 사람과 마음을 열고 이야기를 나누며 관계를 키워 가라. 하루 중 좋았던 일과 좋지 않았던 일을 돌아보고 이야기하면서 감정을 듣는 뇌의 능력을 개발하라. 노력한 만큼 분명한 열매가 나타날 것이다.

슬기로운 부부 습관 셋.

매일
감사하다

─ 가정 구석구석에 웃음꽃이 피어오르다

어떤 면에서 결혼 생활은 그다지 복잡하지 않다. 매일 감사하면 결혼 생활은 기쁨이 가득할 수밖에 없다. 반면, 기쁨 대신 분노가 가득하면 결혼 생활은 짐처럼 느껴진다. 기쁨을 키우기 위한 가장 강력한 요인이 감사이고, 기쁨을 앗아 가는 가장 강력한 요인이 분노이기 때문이다. 감사는 서로를 끌어당긴다. 분노는 서로를 밀어낸다. 뇌과학의 표현을 쓰자면, 감사는 기쁨의 유대를 키워 주고, 분노는 두려움의 유대를 키운다. 감사는 기쁨 그릇을 채워 우리의 정서적 역량을 키워 내는 탁월한 방법이기도 하다.

감사의 힘을 증명해 보여 주는 연구 결과가 계속해서 나오고 있다. 인디애나대학Indiana University에서 불안증이나 우울증 상담을 받는 사람 마흔세 명을 대상으로 연구를 한 적이 있었다.[1] 참가자들 가운데 스물두 명은 "감사 활동"에 참여한 반면, 나머지는 감사 활동 없이 일반적인 치료만 받았다.[2] 결과적으로 감사 활동에 참여한 사람들은 일반 상담만 받은 사람들보다 훨씬 더 "깊이" 그리고 "지속적으로" 개선돼 나갔다.

감사가 가득하면 기쁨을 쉽게 얻을 수 있다. 감사가

없고 분노만 가득하면 함께 시간을 보내기보다 서로를 피할 길만 찾는다. 우리는 부부 사이의 기쁨의 갭을 줄여 보고자 이 책을 시작했고, 그 기쁨의 갭을 줄이는 최선의 방법 가운데 하나는 감사다. 반면에 감사가 부족하면 기쁨의 갭은 점점 벌어지고, 그렇게 벌어진 갭에는 분노가 가득 들어찬다.

고맙다고 말하는 것 VS 고마움을 느끼는 것

예전에 나는 감사를 꽤 잘하는 사람이라고 생각했다. 어머니는 내게 "고맙습니다"라는 말을 열심히 가르치셨다. 그래서 나는 아내에게 고맙다는 말을 정말 자주 했다. 하지만 나는 고맙다는 말과 고마움을 느끼는 것은 전혀 다르다는 사실을 배웠다. 전자는 좌뇌의 활동으로, 서로의 연합과 별로 상관이 없다. 후자는 우뇌의 활동으로, 사람들을 기쁨 안에서 연합시킨다. 아내의 고마운 점을 깊이 음미하는 것은 아내의 행동이 고맙다고 말만 하는 것과는 차원이 다르다.

감사는 관계적인 경험이다. 혼자서만 감사하는 것만 같을 때도 그 경험에는 대개 관계적인 요소가 있다. 혼자서 석양을 바라보거나 공원에 몇 분간 조용히 앉아 자연의 아름다움에 감사하다는 느낌이 들 때, 설령 그 순간 혼자인 것처럼 느껴져도 사실상 그 경험 안에는 다른 누군가가 있다. 그 경험이 우리 뇌의 관계적인 부분을 활성화하기 때문이다.

어떤 이들은 창조주를 떠올린다. 어떤 이들은 사랑하는 사람들을 떠올리며 그 순간을 그들과 함께하고 싶다는 생각을 하거나 나중에 그들에게 이야기해 줄 날을 고대한다. 이것이 사람들이 음식과 자연, 자녀에 관한 사진을 SNS에 자주 올리는 이유 가운데 하나가 아닐까 싶다. 우리는 경험을 다른 누군가와 공유할 때 기쁨이 더욱 완성된다는 것을 본능적으로 안다.

내가 처음 감사하는 습관을 기르기 시작한 건 불안증에 시달리던 때였다. 불안한 상태에서는 감사하기가 정말 힘들었다. 내가 처음 했던 5분간의 감사 활동은 이러했다. 먼저 내가 좋아하는 커피 잔을 꺼내 내가 좋아하는 크림과 설탕, 커피를 탔다. 그러고 나서 잔을 손에 잡고 향기를 음미하며 감사를 느끼기 시작했다.

그런데 기쁨이 막 솟아나려는 순간 내 좌뇌가 끼어들었다. "지금이 이 따위 신선놀음이나 하고 있을 때야?" 그러면 불안한 생각이 잠잠해지기는커녕 내 마음은 더욱 뒤숭숭해졌다. 나는 철저히 좌뇌형 인간이라서 뭔가를 음미하며 감사하려는 노력이 자꾸만 수포로 돌아갔다. 당시는 감사 훈련이 전혀 되어 있지 않았기 때문에 스위치를 켜서 우뇌를 가동하는 일이 정말 쉽지 않았다. 그때 감사 활동을 통해 기쁨을 키우려면 최소한 몇 주 동안은 의식적으로 노력해야 한다는 것을 깨달았다.

감사 연습

감사는 가정의 화목과 불화를 결정하는 숨은 요소일 때가 많다. 감사로 훈련된 뇌는 환경 속에서 좋은 점을 찾지만, 감사 훈련이 되지 않은 뇌는 비판적으로 흘러 남들에게게 잘못을 찾기에만 바쁘다.

최대한 자주 감사를 연습하라. 아침에 눈을 뜰 때부

터 밤에 베개를 베고 누울 때까지 계속해서 다음과 같이 해 보면 놀라운 효과를 경험할 것이다.

- ❥ 배우자에 관해 마음에 드는 점들을 말로 표현하라.
- ❥ 틈만 나면 진심으로 포옹하고 입을 맞추라.
- ❥ 배우자를 보면 환하게 웃어 보이라. 목소리나 말투에 사랑을 듬뿍 담아 말하라.
- ❥ 함께 목욕을 하거나 샤워를 하라. 말과 터치로 사랑을 표현하라.

배우자에게 고마운 점을 기억하라

가정 안에서 감사 습관을 기르는 좋은 방법 가운데 하나는 글로 쓰는 것이다. 서로에게 감사한 점을 기록하며 기억하는 시간을 가지면 사랑이 불타오른다. 글로 쓰려면 천천히 감사한 이유를 곱씹고 감사의 느낌을 음미해야 하기 때문에 더욱 효과적이다.

편지. 한번은 아내가 며칠간 집을 비운 적이 있다. 그

때 왜 그리도 잠이 안 오던지 아내에게 편지를 쓰기로 했다. 아내에 관해 감사한 점들을 편지에 죽 써 내려갔다.

내가 쌀쌀맞게 굴었던 적이 많았던 것 같아 미안해요. 하지만 지금 내 삶의 좋은 것들은 하나같이 당신 덕분이에요. 모험심이 강한 당신은 내 생일을 위해 깜짝 여행을 계획하곤 했죠. 산으로 여러 날 동안 가족 여행을 갔던 기억도 나네요. 당신이 우리 가정을 더 아름답게 만들 방법을 늘 찾고 있는 걸 잘 알아요. 그런데도 나는 늘 돈 얘기를 꺼내 분위기를 망치곤 하죠. 하지만 여기 혼자 앉아서 당신을 생각하니 당신이 내 삶에 얼마나 많은 풍요를 더해 주는지 새삼 깨달아요. 내 인생 최고의 추억들에는 항상 당신이 있네요. 당신이 삶의 열정을 불태우고 이런 추억을 만들기 위해 뭐든 아끼지 않은 덕분에 우리 삶이 훨씬 더 좋아졌어요.

종종 이런 편지를 써 보면 배우자에게 고마운 점이 많다는 사실을 기억하는 데 도움이 된다. 배우자에게 고마운 점을 기억하고 곱씹기만 해도 부부 사이의 연합이 강해진다.

목록. 감사 목록을 쓰면 더욱 좋다. 목록이 쌓이면 블로그나 일기장에 그 안의 항목들에 관한 글을 써도 좋다. 예를 들어, 배우자의 훌륭한 성품 다섯 가지를 찾은 다음, 각 성품을 잘 보여 주는 사건에 관해 써 보라. 배우자의 성품 외에 다음과 같은 목록도 좋다.

- ❧ 휴가에 관한 추억들
- ❧ 휴일에 관한 추억들
- ❧ 당신이 사랑에 빠졌음을 깨달았던 순간들
- ❧ 신혼여행 이후의 로맨틱한 추억들
- ❧ 아이를 키우면서 기뻤던 순간들

위의 각 범주에서 각각 다섯 가지 이야기를 찾으면 배우자를 향한 감사의 마음을 키울 수 있는 스물다섯 개의 즐거운 추억을 얻은 셈이다. 이런 이야기를 쓰고 제목을 붙이고, 쉽게 찾을 수 있는 곳에 두고서 배우자를 향한 감사가 줄어들 때마다 꺼내서 읽고 음미하라. 관계가 좋았던 순간들을 적은 목록을 만드는 것도 좋다. 화가 날 때 이 목록을 꺼내서 보면 화가 금세 사그라질 것이다.

불면의 밤을 끝내다

나(코시)의 아내 젠이 쉬고 싶어도 쉬기 힘들어하던 시절이 지금도 기억난다. 아내는 누구보다도 바쁜 사람이었다. 아니, 바쁘다는 말로도 모자란 사람이었다.

아내의 두뇌를 자동차에 비유한다면 엄청난 속도로 달리는 람보르기니라고 말할 수 있다. 아내의 두뇌는 놀랄 정도로 효율적이고 생산적이다. 아내가 하루에 처리하는 일의 양을 보면 정말 놀랍다. 하지만 아내의 질주하는 두뇌 활동에는 대가가 따랐다. 속도를 늦춰 긴장을 풀어야 하는 밤 시간이 오면 정신없이 돌아가는 뇌는 더 이상 축복이 아니었다. 오히려 꼭 필요한 쉼을 앗아 가는 저주에 가까웠다. 이 패턴은 피로와 우울증, 불안증으로 이어졌고 나와의 사이에서는 갈등을 낳았다.

거의 매일 밤, 자려고 누워 있으면 아내의 두뇌가 윙윙거리는 소리가 실제로 들리는 듯했다. 아내는 이리저리 뒤척이며 머릿속의 소음을 잠재우려고 애를 썼다. 몸은 지쳐 있었지만 머릿속은 빠른 속도로 돌아가며 하루를 돌아보고 다음 날 무슨 일을 어떻게 할지 일정을 짜고 있었다.

아내가 걱정되기도 하고 나도 잠을 이루고 싶은 다소 이기적인 마음에 나는 어떻게든 아내를 잠재우고 싶었다. 그래서 사용한 방법이 우리 가정을 완전히 변화시켰다.

감사 기술은 우리가 관계를 위해 사용할 수 있는 정말 탁월한 뇌 습관이다. 감사의 효과에 관해 공부한 끝에 나는 자주 감사하면 아내의 뇌가 쉴 수 있다는 사실을 알았다. 그렇게 해서 시작한 감사 활동이 우리의 수면과 관계에 미친 영향은 기대 이상이었다. 우리는 그때 시도한 활동을 나중에 '3×3×3'이라 명명했다.

이 활동을 곧 함께해 보겠지만, 먼저 설명해 보겠다. 첫째, 우리는 오늘 하루 느낀 감사한 점 세 가지를 나눈다. 둘째, 서로에게 고마운 점 세 가지와 그에 관한 구체적인 실례를 나눈다. 마지막으로 이번에는 (역시 실례를 포함해서) 하나님께 감사한 점 세 가지를 나눈다. 이외에 원

하는 주제를 추가해도 좋다. 아래에 각 단계별로 실례를
소개한다.

- ☙ **오늘 하루에 대한 감사** "오늘 오후의 산책이 좋았어
  요. 밖에 나가서 바람을 쐬니 기분이 좋았어요. 지저귀
  는 새소리와 시원한 봄바람……."
- ☙ **배우자에 대한 감사** "당신의 따뜻한 마음이 너무 고
  마워요. 오늘 저녁 친구 헬렌이 왔을 때 당신이 열심히
  요리를 해 주었죠. 정말 맛있었대요. 내 친구들까지 신
  경 써 줘서 정말 감동이었어요!"
- ☙ **하나님을 향한 감사** "늘 동행해 주시는 하나님께 감
  사해요. 하나님이 내게 계속해서 성장할 기회를 주시
  는 것 같아요. 이 사실을 생각할 때마다 그분께 사랑받
  는 기분을 느껴요."

첫날 우리는 침대에서 꼭 껴안고서 이 활동을 했다.
이 활동의 효과가 너무도 즉각적이고 대단해서 둘 다 깜
짝 놀랐다. 활동을 하는 동안 아내의 몸이 편안해지고 숨
소리가 차분해지는 것을 느낄 수 있었다. 활동이 끝날 무

렵, 둘 다 평온한 웃음을 짓고 있었다. 시간은 약 10분밖에 걸리지 않았다. 10분 뒤 아내는 곤한 잠에 빠져들었다. 그날 아내는 오랜만에 아침까지 단잠을 잤다.

이후 오랫동안 우리는 이 감사 활동으로 하루를 마무리했다. 매번 아내는 몇 시간이 아닌 몇 분 만에 잠에 빠져든다. '이 활동이 정말 좋은가 보다' 하고 생각만 하지 말고 직접 그 효과를 경험해 보기를 바란다.

매 일 감 사 하 기 활 동

세 번째 활동에 이른 것을 환영한다. 당신의 결혼 생활이 스마트폰이라면 이 활동은 기쁨 신호를 끌어올리는 부스터 어플이라고 할 수 있겠다.

감사는 뇌가 주변 환경과 삶, 관계 속에서 좋은 것들에 집중하도록 훈련시킴으로써 결혼 생활을 변화시킨다. 감사가 부족하면 가정에 불만과 비판, 분노가 가득해진다. 감사는 우리 뇌 속의 관계 엔진을 가동시켜 사랑하는 사람 앞에서 최상의 관계적 자아가 되게 해 준다.

뇌 속 '감사 파일'을 활성화시키면 관계 회로가 켜질 뿐 아니라 뇌가 좋은 기분, 살아 있는 기분을 일으키는 도파민, 옥시토신, 세로토닌, 엔도르핀 같은 호르몬을 분비시킨다. 감사한 기억을 떠올리면 우리 뇌가 실제로 그 순간으로 돌아간 것처럼 반응한다. 사랑하는 사람과의 특별한 순간을 기억하고 느끼고 서로 이야기하면 기쁨이 증폭된다. 나아가 서로 터치까지 하면 옥시토신 수치가 치솟는다. 그런 의미에서 이제 기쁨 파일을 열어 실제로 효과를 경험해 보자.

3×3×3 기쁨 ⏱ 15분

우리 가정을 변화시키고 우리에게 단잠을 선사한 활동을 당신도 한번 해 보라.

1. 서로 손을 잡거나 안고서 번갈아 다음 활동을 하라. 다음 단계로 넘어가기 전에 꼭 첫 단계를 밟아야 한다. 가능하다면 각 단계에 일상에서 있었던 일들을 포함시키라.

   오늘 있었던 감사한 일 세 가지를 나누라.

   배우자에게 고마운 점 세 가지를 나누라.

하나님께 감사한 점 세 가지를 나누라.   / 10분

2. 감사 활동을 한 뒤에 알게 된 것을 두고 이야기를 나누라.
   / 3분

3. 몇 분간 편안하게 안고 조용히 쉬면서 활동을 마무리하
   라.   / 2분

기쁨의 회상 Ⅱ ⏱ **15분**

1. 서로 손을 잡거나 안고서, 특별한 여행의 순간이나 결혼
   생활에서 함께했던 순간들을 회상하라. 그 순간에 했던
   생각과 느꼈던 감정도 떠올려 보라. 이런 순간이 왜 당신
   에게 특별한지 그 이유들을 생각해 보라.   / 8분

2. 배우자와 관련해 감사한 점을 배우자에게 말해 주라.
   / 4분

3. 몇 분간 편안하게 안고 조용히 쉬면서 활동을 마무리하
   라.   / 3분

야외 데이트 ⏱ 15분

밖으로 나가 뭐든 함께 즐길 수 있는 활동을 하라. 둘 다 즐기고, 배우자를 바라보고 배우자의 목소리를 들을 수 있는 활동이어야 한다. 예를 들어 볼링, 소풍, 처음 가 본 식당에서 맛있게 먹은 저녁 식사, 스케이팅, 공원에서의 저녁 산책, 하이킹, 수목원 방문, 카페에서 느긋하게 앉아 커피나 차 즐기기 등이면 좋다.

야외 데이트를 할 때 서로를 즐기기 위해 할 수 있는 모든 것을 하라. 최대한 자주 손을 잡고, 서로를 바라보고 자주 웃으며 즐기라.

1. 즐거웠던 지난 순간들을 돌아보는 동시에 앞으로 즐겁게 보낼 순간들을 계획하라.

   배우자의 사랑과 관심을 느꼈던 지난 특별한 순간들을 돌아보라. 예를 들면, "오늘 아침 내가 늦어서 허둥대는데, 당신이 커피를 준비해 줬잖아요. 그때 당신에게 사랑과 관심

143

을 받고 있다고 느껴져서 무척 행복했어요."

어떻게 하면 앞으로 부부 사이의 기쁨을 계속해서 키울 수 있을지 방법을 고민하고 계획하라. 예를 들면, "매일 서로에게 감사를 표현하며 하루를 마감하고 격주로 데이트를 했으면 좋겠어요." / 8분

2. 이 활동에서 무엇이 특별했는지 이야기를 나누라. 그러고 나서 안고 조용히 쉬면서 저녁을 마감하라. / 7분

기쁨의 식사　⏱ 15분

혹시 결혼식 피로연에서 배우자에게 케이크를 먹여 주었는가? 짓궂은 새신랑은 케이크를 신부의 얼굴에 묻히기도 한다. 어떤 경우든 두 사람의 얼굴에 웃음꽃이 피어오른다. 이번 활동은 음식을 상대방 얼굴에 묻히는 것이 아니라 먹여 주는 활동이다. 식사 시간은 기쁨을 키우기에 가장 좋은 시간 가운데 하나다. 함께 먹는 시간은 관심이라는 선물을 나누며

서로 연결될 수 있는 절호의 기회다. 음식과 기쁨의 조합으로 서로의 얼굴에 웃음꽃을 피워 보자.

1. 먼저 오늘 하루 중에서 좋았던 일들을 나누라. 이렇게 하면 뇌의 관계 회로에 시동이 걸릴 것이다.   / 3분

2. 돌아가면서 서로에게 밥이나 간식, 디저트를 먹여 주라. 좀 어색하겠지만 해 보면 한바탕 즐겁게 웃을 수 있다. 서로 먹여 주면서 상대방의 어떤 점이 마음에 드는지 이야기해 주라. 배우자가 당신을 영적으로, 정서적으로, 정신적으로, 육체적으로, 감정적으로 '먹여 줄' 때 기분이 어떤지도 나누라.   / 8분

3. 이 단계를 마친 뒤에 무엇이 가장 인상적이었는지 이야기를 나누라.   / 2분

4. 편안하게 안고 조용히 쉬면서 활동을 마무리하라.   / 2분

사랑의 편지 쓰기 ⏱ 15분

마커스 워너가 앞서 말했듯이 사랑의 편지를 쓰면 평생 소중히 여길 선물을 얻을 수 있다. 편지로 서로의 마음을 나누고 사랑을 표현하면 좀 구식이긴 하지만 그렇게 좋을 수가 없다. 이 활동을 위해서는 종이와 펜이 필요하다.

1. 잠시 배우자가 가진 사랑스러운 점들을 생각한 다음, 배우자에게 사랑의 마음을 담아 편지를 쓰라. 너무 길게 쓰지 않아도 된다. 세 문장만 넘으면 충분하다. 충분한 시간을 들여 이 활동을 하라. / 6분
2. 이 활동을 한 뒤에 서로 돌아가며 배우자에게 쓴 편지를 읽어 주라. / 6분
3. 이 활동의 어떤 면이 즐거웠는지 나눈 뒤에 편안하게 안고 조용히 쉬면서 마무리하라. / 3분

각자의 성향 파악하기 ⏱ 15분

우리의 신경계는 높은 에너지 상태와 낮은 에너지 상태를 오간다. 어떤 이들은 강한 활동을 좋아하는 높은 에너지 유형이다. 그들은 아드레날린을 치솟게 하는 활동을 좋아한다. 또 어떤 이들은 쉼과 편안한 활동을 선호하는 낮은 에너지 유형이다. 그들은 커피 한 잔을 앞에 놓고 조용한 음악을 들으며 삶을 음미하기를 좋아한다. 이 점을 토대로 자신의 성향을 파악할 수 있고, 그렇게 하고 나면 자신의 필요와 스타일에 맞는 부부 활동을 계획할 수 있다.

자신의 성향을 파악하는 좋은 방법 가운데 하나는 수치심을 느낄 때 자신의 반응을 살피는 것이다. 낮은 에너지 유형은 수치심을 느낄 때 자신을 괴롭히는 경향이 있다. "제대로 하는 게 아무것도 없어! 나는 정말 바보야!" 높은 에너지 유형은 반대로 남들을 공격한다. "너는 제대로 하는 게 아무것도 없어. 너는 정말 바보야!"

두 가지 반응을 모두 보이는 사람이라 하더라도 더 유심

히 살펴보면 분명 어느 한쪽 유형으로 기울어져 있기 마련
이다. 이제 당신과 당신의 배우자가 어떤 유형인지 확인해
보자.

1. 두 사람의 성향에 관해 토론하라. 산책, 달리기, 자전거,
   하이킹, 빠른 속도를 요하는 운동 같은 높은 에너지 활
   동을 선호하는 편인가? 아니면 조용한 곳에 앉아서 잔
   잔한 음악을 듣거나 장기나 바둑, 독서 같은 낮은 에너
   지 활동을 선호하는 편인가? 예를 들어, 이른 아침에 조
   깅을 하는 것과 의자에 앉아서 일출을 감상하는 것 중에
   무엇이 더 좋은가? / 3분

2. 이번에는 실제 실험을 통해 확인해 보라. 몇 분간 팔 벌려
   뛰기, 스트레칭, 윗몸 일으키기, 동네를 걷거나 자전거 타
   기 같은 높은 에너지 활동을 해 보라. 활동을 하면서 휴가
   나 여행, 생일, 휴일 등 부부가 함께했던 추억들을 떠올리
   며 이야기를 나누라. / 4분

3. 이번에는 소파나 안락의자에 편하게 앉아 잔잔한 음악을
   들으라. 이때도 부부가 함께했던 좋은 추억을 회상하라.
   / 4분

4. 이 활동에서 인상적이었던 점을 나누라. 이 활동을 하면서 알게 된 정보를 결혼 생활에서 어떻게 활용할 수 있을까? / 2분

5. 편안하게 안고 조용히 쉬면서 활동을 마무리하라. / 2분

슬기로운 부부 습관 넷.

리듬을
기르다

— 함께 웃는 날들이 늘어 가다

기쁨의 갭이 벌어지는 첫 번째이자 가장 단순한 이유는 피곤해서다. 쉴 틈이 없어 녹초가 된 상태에서 기쁨을 키우기란 불가능하다. 하지만 요즘 부부들은 너무 바빠서 기쁨 활동을 위해 하루에 단 15분조차도 낼 엄두를 내지 못한다.

우리 삶에 쉼이 부족한 가장 큰 이유는 리듬의 부재가 아닐까 싶다. 관계적인 리듬이 없으면 영혼이 시들기 시작한다. 기쁨을 키우고 영혼을 돌보는 데 시간을 내지 않으면 인생이 점점 더 무거운 짐으로 변해 간다.

친하게 지내는 부부 중에 오랜 세월 가정 안에서 기쁨을 누리지 못한 채 살아온 부부가 있다. 그러다 두 사람은 관계적 리듬을 키우는 데 도움이 되는 몇 가지 활동을 시작했다. 첫째, 그들은 거의 매일 아침 함께 아침 식사를 한다. 남편은 집 근처 산 위로 아침 해가 떠오르는 광경을 즐기는 새벽형 인간이다. 아내가 일어나면 그는 아내와 함께 식탁에 앉는다. 두 사람은 하루를 시작하기 전에 신문 사설란을 읽고 토론한다. 저녁에는 거실에 함께 앉아 차 한 잔을 즐긴다. 대개 두 사람의 무릎 위에는 애완동물들이 앉아 있다. 부부는 최소 30분 동안 하루를 돌아보며 함께하는 시간을 즐긴다.

그 남편이 내게 자신의 철학을 이야기해 준 적이 있다. 아주 간단하다. "감사의 대상을 사랑하라!"

감사는 애정으로 이어지고, 애정은 더 많은 감사로 이어진다. 그렇게 선순환이 발생한다. 이런 감사와 애정의 순환은 부부가 함께 활동하고 또 충분히 쉬는 리듬을 낳는다.

집을 기쁨 캠프로 삼을 때

캠핑을 해 본 적이 있는가? 개인적으로 나는 캠핑을 별로 좋아하지 않는다. 언젠가 모기한테 온몸을 뜯기고 잠을 설친 이후 캠핑이라고 하면 아주 질색한다. 하지만 내 친구들 중에 캠핑 마니아들이 꽤 있다. 그 가운데 한 명은 짐 와일더다. 와일더가 내게 가정 안에 리듬을 기르는 법을 캠핑의 비유로 설명한 적이 있다. 그는 '기쁨 캠프'라는 표현을 썼다.

한 가족이 산에서 주말을 보내기로 했다고 해 보자.

산에 도착하면 가장 먼저 텐트를 치고, 이어서 바비큐 장비를 설치한다. (미국의 경우) 한밤중에 곰이 습격하지 않도록 야영지 부근에 빙 둘러 자란 나무들에 음식을 걸어 놓는 일도 빠뜨려서는 안 된다.

그다음에는 어른들이 캠핑 규칙을 정해 준다. 아주 어린아이들은 항상 부모와 함께 야영지 안에 머물러야 한다. 좀 큰 녀석들은 개울까지 내려가도 되지만 보트를 탈 때는 항상 구명조끼를 입어야 한다. 다른 사람들은 마음껏 돌아다니며 자연을 즐겨도 된다. 그 외에 한 가지 규칙이 더 있다. 모든 사람이 저녁 8시까지는 야영지로 돌아와야 한다. 저녁 8시에 한 사람이라도 보이지 않으면 캠핑은 전혀 즐겁지 않아진다. 이 규칙 하나만 지키면 마음껏 모험을 즐겨도 좋다.

날이 저물어 가족들이 야영지로 돌아오면 특별한 활동이 시작된다. 바로, 요리 시간. 음료를 준비하고 불을 피운다. 가족들이 모여서 그날 자신들이 경험한 모험 이야기를 나눈다. 자신이 자연을 정복했는지 자연에 정복당했는지는 중요하지 않다. 기쁨 캠프에서도 야영지에서와 같이 사랑하는 사람들이 함께 모여 그날의 경험을 나누며 하루를 마감한다.

바로 이것이 사람 사는 맛이 아닌가. 우리는 기쁨 캠프에서 하루를 시작하고 기쁨 캠프에서 하루를 마무리해야 한다. 좋은 하루였든 힘든 하루였든, 서로 반겨 주며 하루를 마무리할 수 있다면 행복한 인생이다. 이런 리듬을 갖춘 가족들은 살면서 맞닥뜨리는 스트레스를 다룰 수 있고, 기쁨을 키우기 위한 여유를 누리며 살아간다.

같은 비유를 계속 사용해서, 저녁 8시에 두 사람이 나타나지 않는다고 해 보자. 저녁 8시 20분이 되어도 두 사람이 돌아오지 않는다면? 모든 사람이 나타날 때까지는 아무도 기쁨을 누릴 수 없다. 마찬가지로 가정이 기쁨 캠프가 되면 모두가 돌아와서 함께하기 전까지는 아무도 온전한 행복을 누리지 못한다. 이런 가정은 남편과 아내가 둘 다 한자리에 모여 어울리기를 원한다. 아이들이 무사히 집에 돌아오기를 원한다. 이런 가정은 긴 하루의 끝에 모두가 기쁨 캠프에 모여 관계적으로 연결되기 전까지는 만족하지 않는다. 다시 말해, 단 한 명의 낙오자도 허용하지 않는다.

하지만 오늘날은 기쁨 캠프처럼 살아가는 가정이 극

히 드물다. 오늘날의 문화는 무척이나 개인적이다. 가족들이 더 이상 함께 식사를 하지 않는다. 그날 어떤 일들이 있었는지 이야기도 나누지 않고 나란히 앉아서 해가 지는 풍경을 감상하지도 않는다. 아이들은 학교에 가고 학원에 가고 각종 운동을 배우고 숙제를 하고 자신들만의 음악을 듣고 텔레비전을 보고 친구들과 스마트폰으로 연락을 주고받느라 바쁘다. 남편과 아내도 자려고 눕기 전까지는 각자의 일로 바쁘고, 심지어 자려고 누워서도 각자 스마트폰을 두드린다.

자신의 영혼을 가꾸려면 자신의 가정을 '함께하는 시간들의 리듬을 갖춘 기쁨 캠프'로 만들어야 한다. 관계적으로 하루를 시작하고 관계적으로 하루를 마무리하며 그 사이에서도 틈틈이 관계적으로 연결되면 기쁨의 능력이 크게 개선되고 쉼을 위한 여유가 나타날 것이다.

스트레스에 휘둘리지 않으려면

리듬은 정서적 역량에 매우 중요하다. 충분히 쉬지

못하면 감정과 관계를 다루는 일이 점점 힘들어진다. 최근 조사에서 세상에서 가장 행복한 곳으로 덴마크가 꼽혔다.[1] 사실, 덴마크는 세상에서 가장 행복한 나라 순위에서 꾸준히 5위 안에 들고 있다. 그 비결 가운데 하나는 일과 관계적인 연결 사이의 균형이다.[2] 덴마크 사람들은 쉼을 포함한 리듬을 기르는 능력이 탁월하다.

덴마크가 행복한 국가 순위에서 꾸준히 상위권에 오르는 것은 무엇보다도 "휘게"hygge라고 부르는 생활 방식 덕분인 듯싶다. 이는 "의도적인 친밀함"으로 정의할 수 있는데,[3] 한마디로 좋아하는 사람들과 좋아하는 것을 한다는 뜻이다. 이 생활 방식이 가져오는 긍정적인 효과 가운데 하나는 스트레스 감소다. 이는 힘든 일을 혼자 견뎌낼 필요가 없기 때문이다. 늘 '자기 사람들'과 함께하면 관계적 역량과 정서적 역량이 자랄 수밖에 없다.

관계적인 행복과 관계적인 리듬이 짝을 이루는 것은 전혀 우연이 아니다. 관계와 쉼 중심으로 리듬을 갖춘 부부들은 스트레스는 적고 기쁨은 가득한 삶을 산다.

함께 쉬는 리듬, 기쁨이 잘 자라는 토양

쉼으로 하루를 시작하고 마무리하는 리듬을 길러야 한다. 함께 놀 뿐 아니라 함께 쉬는 리듬은 기쁨이 자라기에 아주 좋은 토양이다. 이는 헬스클럽에서 운동하는 것과 비슷하다. 역기를 드는 동안에는 근육이 자라지 않고, 쉬는 동안에 비로소 근육이 자라난다. 쉼 없이 자신을 계속해서 혹사하면 오히려 운동 효과가 떨어진다. 마찬가지로 운동이나 놀이 같은 활발한 활동뿐만 아니라 쉼이 있을 때 기쁨이 가장 잘 자란다.

리듬 기르기 활동

네 번째이자 마지막 활동에 이른 것을 환영한다. 가정을 위한 좋은 리듬을 찾는 것은 두 가지가 관건이다. 바로 '관심'과 '타이밍'이다. 눈을 마주 보고 미소 짓기 활동에서 해 봤듯이 연결될 때가 있고 쉴 때가 있다. 어떤 때인지를 알고 수시로 변하는 상황에 관심을 기울이면 가정이 안정되고 기쁨이 솟아난다.

기쁨과 쉼을 적절히 번갈아서 하려면 수시로 변하는 상황에 주의를 집중하면서 적절한 때에 반응하는 리듬이 필요하다. 사실 우리는 어릴 적부터 이 리듬을 배운다. 즉 우리의 부모는 식사와 놀이, 연결, 쉼을 위한 때를 분간할 줄 안다. 건강한 가정에서는 적절한 때에 적절한 양의 자원과 반응을 아기에게 쏟는다. 이 과정은 아이 안에 평생 흔들리지 않는 안정감의 기초를 형성한다.

안타깝게도 어릴 적에 적절한 관심과 돌봄을 받지 못한 사람들 속에는 두려움과 불안감, 열등감이 가득하다. 그들의 삶에는 기쁨과 쉼의 리듬이 깨져 있고, 그 결과 쉼을 누리지 못하거나 기쁨의 수준이 위험할 정도로 낮아져 있다. 안타깝게도 그런 사람들은 인위적이고 비관계적인 수단으로 그 공백을 보상하려고 한다.

이어지는 활동은 높은 에너지의 기쁨과 낮은 에너지의 쉼을 적절히 결합한 리듬을 회복하는 데 초점을 맞추고 있다.

쉼과 기쁨 ⏱ 15분

충분히 쉬어 주어야 기쁨이 더 잘 자라난다. 조용히 쉬지 못하는 삶의 패턴은 정서적, 정신적 건강을 위협하는 가장 큰 요인 가운데 하나다. 쉼이 부족한 것은 결혼이라는 '기쁨 풍

선'에 구멍이 난 것과도 같다. 이 활동을 위해서는 먼저 당신과 배우자가 몸과 마음을 차분히 가라앉혀야 한다. 원한다면 차분한 음악을 배경으로 깔아도 좋다.

1. 몸의 어떤 부위도 긴장하지 않게 편한 자세를 취하라. 바닥이나 소파에 누워도 좋다.   / 1분

2. 긴장되거나 뻣뻣한 부위가 있는지 몸을 점검하라.   / 1분

3. 깊게 숨을 들이마시면서 온몸에 힘을 주라. 얼굴에서 시작해 목, 어깨, 등, 손, 팔, 복부, 엉덩이, 다리, 발, 마지막으로 발가락 순서로 긴장을 풀라. 이렇게 몸을 안정시키는 활동을 여러 번 반복하라.   / 2분

4. 근육을 긴장시켰다가 푸는 활동을 한 뒤에 몸에서 무언가 다르게 느껴지는 점이 있는지 살펴보라.   / 1분

5. 그 느낌을 배우자에게 이야기하라.   / 1분

6. 서로 무릎이 닿도록 가까이 마주 앉아 손을 잡으라. 오늘의 감사한 일 세 가지를 간단히 나누라.   / 4분

7. 손을 잡은 상태로 앞서 소개한 '눈을 마주 보고 미소 짓기' 활동을 하라.   / 2분

8. 이 활동에서 눈에 띄는 점이 있었는지 이야기를 나눈 뒤에 조용히 앉아 쉬면서 활동을 마무리하라.   / 3분

1. 먼저 오늘 일어난 일 가운데 기억에 남는 일들을 나누라. 서로 관계적으로 연결된 느낌이 들면 다음 주제에 관해 이야기를 나누라.

   ♥ **우리가 좋아하는 것은 무엇인가** 이 결혼 생활의 어떤 점이 좋은가? 그래서 어떤 기분이 드는가? 단, "하지만"이라는 단어를 사용해서 결혼 생활에 관한 불만을 내비치는 시간이 아님을 기억하라. 예를 들면, "우리가 함께 양질의 시간을 가지려고 노력한다는 점이 좋아요. 우리가 서로, 그리고 사랑하는 사람들과 함께할 기회를 열심히 찾는다는 사실을 생각하면 가슴이 벅차올라요."

   ♥ **우리는 누구인가** 당신 가정만의 독특한 향기는 어떠한지 이야기해 보라. 당신 가정의 중요한 특징들에는 무엇이 있는가? 어떤 특징들이 당신에게 의

미가 있는가? 예를 들면, "나는 우리가 관계를 중시하는 사람들이라는 점이 좋아요. 우리는 서로, 그리고 친구들과 함께하는 시간을 중요하게 여기죠."

✔ **돌아보기** 이 땅에서의 삶이 끝날 때 당신이 가정을 얼마나 중시했다고 말하고 싶은가? 가정을 어떻게 돌보았다고 말하고 싶은가? 다시 말해, 가정에 관한 어떤 유산을 남길 수 있을까? 예를 들면, "내가 숨을 거둘 때 당신을 온 마음을 다해 사랑했노라 자신 있게 말하고 싶어요. 내가 가정을 더없이 소중히 여겼다는 사실을 당신이 분명히 느끼게 해 주고 싶어요."

2. '눈을 마주 보고 미소 짓기' 활동을 통해 기쁨과 쉼을 번갈아서 경험하라. 기쁨이 더 이상 강해지지 않을 때는 다른 곳을 쳐다보는 것을 잊지 말라. 이때 서로가 원한다면 음악을 틀어도 좋다.   / 3분

3. 이 활동을 하면서 알게 된 점에 관해 이야기를 나누고 나서 편안하게 안고 쉬면서 활동을 마무리하라.   / 3분

쉼과 키스 나누기 ⏱ **15분**

'함께 기뻐하는 순간들 사이의 간격' 즉 기쁨의 갭을 줄이려면, 먼저 기쁨과 쉼이 어느 순간에 필요한지 알고, 그다음으로 기쁨을 키우기 위한 전략적인 리듬을 실천해야 한다.

1. 서로 안고서 편안하게 쉬라. 유대감을 강화하기 위해 말은 하지 말라. 원한다면 타이머를 설정해도 좋다. / 3분
2. 손을 잡고 서로를 바라보라. 배우자의 어떤 특성들을 보고 처음 사랑에 빠졌는지 돌아가며 이야기하라. 구체적인 실례를 들어 그 특성들을 설명하라. / 5분
3. 서로 무릎이 닿도록 마주보고 앉아 손을 잡으라. 눈을 마주보고 미소 짓기 활동을 하라. 기쁨이 더 이상 커지지 않을 때는 다른 곳을 보라. 원한다면 음악을 틀어도 좋다. / 3분
4. 진심으로 키스를 나누고 나서, 눈을 마주 보고 미소 짓기 활동에서 무엇이 인상적이었는지 이야기하라. / 2분
5. 편안하게 안고 조용히 쉬면서 활동을 마무리하라. / 2분

침실에서의 기쁨 Ⅱ ⏱ **15분**

이 활동에는 프라이버시가 보장되는 장소가 필요하다.

1. 침대에 누워 서로 안고 다음 활동을 하라.

   첫째, 부드러운 터치로 배우자의 긴장을 풀어 주면서 배우자의 성품에서 어떤 점들이 좋은지 말해 주라.

   그다음에는 강한 터치로 배우자를 흥분시키면서 그의 몸 어디가 좋은지 구체적으로 말해 주라.

   이번에는 부드러운 터치로 돌아가 어떤 경우에 배우자가 당신을 사랑하고 소중히 여긴다고 느끼는지 말해 주라.

   다시 강한 터치로 배우자를 흥분시키면서 배우자를 향한 사랑과 열정을 표현하라. 이 활동에서는 제시한 시간에 구애받지 말고 필요한 만큼 시간을 쓰라! 관계적인 친밀함을 즐기며 함께 웃으며 시간을 보내라. / 9분

2. 하나님께 배우자에 대해 감사하는 기도를 드리되, 배우자가 들을 수 있게 하라. / 3분

3. 편안하게 안고서 조용히 쉬라. / 3분

오감을 사용하여 부부 사이의 기쁨을 극대화하기 위한 활동을 하라.

1. **시각** 우리가 볼 수 있는 것은 우리 눈이 빛을 시신경을 통해 뇌가 처리할 수 있는 이미지들로 전환하기 때문이다. 마주 보고 앉아 손을 잡으라. 배우자의 사랑스러운 눈을 지그시 바라보며 배우자의 어떤 점이 좋은지 속삭이듯 나직이 말하라. 특히, 눈에 보이는 면들을 말해 주라. / 2분

2. **청각** 우리의 외이와 내이는 복합적인 일련의 단계를 통해 음파를 달팽이관을 거쳐 뇌로 보낸다. 서로 손을 잡고 돌아가며 서로의 가슴에 머리를 대라. 눈을 감고 배우자가 당신의 어떤 행동을 통해 사랑과 관심, 소중히 여김을 받는다고 느끼는지 들어 보라. / 3분

3. **후각** 비강에 있는 신경 수용체들은 공기 중의 화학물질들과 접촉한 뒤 후각신경을 통해 뇌에 신호를 보낸다. 냄새

만큼 옛 기억을 빨리 불러일으키는 것도 없다. 서로 안고 얼굴을 서로의 목에 기댄 채 조용히 배우자의 냄새를 맡으며 쉬라. 그러고 나서 배우자의 익숙한 냄새에서 자신이 어떻게 편안함을 느끼는지 이야기하라. 이 활동을 땀 흘린 운동 뒤에 하는 것은 좋지 않다. 기쁨의 수준이 높게 유지될 수 있도록 이 활동 전에 적절한 사전 준비를 하라. / 3분

4. **미각** 우리 혀의 작은 돌기들 덕분에 우리가 먹는 음식물의 화학물질들이 미뢰로 이동한다. 그러면 미뢰는 특별한 세포들을 자극하여 신호를 만들어 낸다. 그다음에는 이 신호들이 처리를 위해 뇌로 보내진다. 눈을 감고 배우자에게 감미롭게 키스한 다음, 사랑하는 사람과의 키스가 어떻게 좋았는지 나누라. 이 활동을 하기 전에는 되도록 양파나 마늘이 들어간 음식을 먹지 말라. / 3분

5. **촉각** 우리 피부는 세 개의 층으로 이루어져 있으며, 이런 층의 세포들은 뇌에 신호를 보내 판독하게 한다. 우리 몸의 일부 부위들에는 다른 종류의 수용체들이 더 많이 있다. 그래서 배우자 몸의 이 부위들은 다른 부위들보다 민감하다. 배우자의 얼굴과 몸을 만지면서 느낌을 묘사하라. 눈을 감으면 더 좋다. 필요에 따라 부드러운 터치와 홍

분시키는 터치를 번갈아서 하라.   / 3분

6. 편안히 서로를 안고서 특별히 더 좋은 감각이 있는지 이야
   기를 나누라.   / 1분

친구 부부와 즐거움 나누기 ⏱ **15분**

친구 부부들과도 기쁨을 나누어 보라. 우리의 경험을 이
야기로 만들면 뇌가 그 경험을 더 중요하게 받아들이며, 남들
에게 전해 주기도 쉽다.

다른 부부와 만나는 자리를 가지라. 이 책에서 배운 것들
을 이야기로 전해 주고 네 가지 습관 가운데 하나인 매일 감
사하는 습관을 시작해 보라고 권하라.

1. 먼저 이 책에 담긴 내용을 배우고 네 가지 습관을 실천해
   서 어떤 효과를 거두었는지 말해 주라. 이 책에 소개한 활
   동들 중에서 당신 부부가 좋아하는 활동들을 소개하고 그

런 활동이 어떤 도움이 되었는지 설명해 주라. / 5분

2. 이 부부와 다음과 같은 활동을 함께하면서 감사의 힘을 경험하게 해 주라. 다음 순서를 따르고 모든 사람이 참여할 수 있게 하라.

이번 주에 있었던 좋은 일 세 가지를 나누라.

각자 자신의 배우자의 좋은 점 세 가지를 나누라.

상대방 부부에 관한 좋은 점 세 가지를 나누라.

이 감사 활동을 하면서 인상적이거나 새로이 알게 된 점들을 나누라.

각자 집에 가서는 그 부부와의 만남에서 무엇이 좋았는지 배우자와 이야기를 나누고 나서 편안하게 안고 쉬면서 활동을 마무리하라. / 10분

활동을 마친 것을 축하한다! 여기까지 오느라 고생이 많았다. 그래도 계속해서 이 활동들을 하고 이 습관들을 기르기를 바란다. 이 책을 마치면서 앞으로 마주칠지 모르는 많은 장애물과 함정들에 관한 이야기를 나누라. 부부가 매일 그리고 매주 기쁨과 연결의 시간을 가질 수 있도록 일정을 짜라. 잠자리에 들기 전에 하루를 돌아보고, 혹시 문제가 보이면 침대에 눕기 전에 다루어야 잠자리가 기쁨과 쉼의 시간이 될 수 있다. 당신의 가정에 기쁨이 활짝 꽃을 피우기를 간절히 바라고 기도한다.

기쁨이 스며든 자리,
사랑이 살아 숨 쉬다

책 앞부분에서 최소 30일 동안 하루 15분씩 기쁨 활동에 투자하면 가정 안에 기쁨이 눈에 띄게 가득해질 것이라는 약속으로 이야기를 시작했다. 이 활동을 꾸준히 할수록 더 빨리 새로운 습관을 기를 수 있다. 당신이 꾸준히 이 활동을 해 왔으리라 기대한다. 혹시 책을 읽기만 하고 활동은 건너뛰었는가? 만약 그렇다면 배우자와 함께 책의 처음으로 돌아가 앞서 소개한 활동들을 차근차근 꼭 해 보기를 권한다.

명심하라. 관계적인 뇌는 정보가 아니라 연습과 상호작용을 통해 배운다. 앞서 소개한 PLAN을 따르면 기쁨을 낳는 새로운 습관들을 기를 수 있다. 기쁨을 얻으면 살면서 만나는 그 어떤 힘든 순간도 너끈히 이겨 낼 수 있다.

잠시 배우자와 함께 이 책을 처음 읽기 시작했을 때의 기분과 현재 상태를 돌아보는 시간을 가지라. 어떤 변화가 생겼는가?

이 활동을 어떻게 할지 나름대로 계획을 세우면서 이 책에서 설명한 네 가지 습관을 검토해 보자.

P 함께 놀다 가정을 비즈니스와 회피 장소로 변질시키지 말라. 이 책에서 소개한 활동들을 사용하여 함께 즐

겁게 놀 계획을 세우라.

L 감정에 귀를 기울이다 좌뇌가 아니라 우뇌로 듣는 법을 배우려면 많은 연습이 필요하다. 이 책에 소개한 활동들을 활용해 배우자의 SAD-SAD 감정을 확인하고 인정해 주는 연습을 하라.

A 매일 감사하다 좌뇌형 사람들은 감사의 말을 잘한다해도 실제로 감사를 느끼는 데는 서툴다. 배우자에게 고마움을 전할 수 있는 방법들을 개발하라. 감사 목록을 만들고, 고마웠던 일들을 적으라. 함께 즐길 수 있는 음악이나 영화, 책들을 찾으라. 서로 감사할 방법들을 창의적으로 찾고, 감사는 서로를 끌어당기고 분노는 서로를 밀어낸다는 사실을 늘 기억하라.

N 리듬을 기르다 집을 기쁨 캠프로 삼으라. 하루아침에 되지는 않지만 이 책에서 제안한 방법을 따라하며 서로 연결된 가정을 일구기 위한 리듬을 기르기 시작하라. 특히 저녁 시간을 활용하는 것이 좋다. 관계적인 시간을 많이 가질수록 가정이 정서적으로 더 안정되고, 함께 기쁨을 누릴 기회가 많아진다.

부부 맞춤 PLAN

이제 이 책을 다 읽었으니 부부가 함께 활동 계획을 세워 글로 써 보라. 다음과 같은 단계를 밟아도 좋다.

- 🍃 하루 중 함께 활동하기에 가장 좋은 시간을 정하라.
- 🍃 이 책에서 마음에 드는 활동들을 골라 보라.
- 🍃 달력을 꺼내 저녁 데이트, 특별 행사, 여행을 얼마나 자주 할지 정하라.
- 🍃 한 해 마지막 밤에는 그해 배우자가 당신에게 얼마나 큰 기쁨을 주었는지 고백하고 다음 해에는 더 많이 함께하고 싶다는 바람을 담은 편지를 쓰라. 여력이 된다면 분기마다 해도 좋다.

다이어리를 꺼내 계획을 기록하는 것이 좋다. 이 활동을 결혼 생활의 다이어트 계획으로 생각할 수 있다. 다만 허리 사이즈를 줄이는 것이 아니라 기쁨의 갭을 줄이는 것이 목표다. 결심이 흔들릴 때마다 다이어리를 꺼내 계획을 다시 살펴보라.

어떤 가정도 완벽하지 않다. 하지만 부부 사이에 충분한 기쁨을 기르면 갈등이 생긴다 해도 금방 회복된다. 부부 관계에 더 안정감이 생기고, 함께하는 시간을 더 자주 갖고 싶어진다.

인생에서 가장 좋은 일 가운데 하나는 화목한 가정을 이루는 것이다. 오늘날 결혼 생활은 개그 프로그램의 풍자거리 단골 소재다. 다들 결혼이 가시밭길이라고 말한다. 하지만 모든 부부 사이에 기쁨이 흐른다면 사회가 어떻게 변할지 상상해 보라. 분노와 불안감은 줄어들고 다른 관계들도 지금보다 훨씬 좋아질 것이다. 그러니 기쁨의 혁명을 일으켜 보자. 이 혁명은 한 가정, 바로 용기를 낸 당신의 가정에서 시작될 수 있다.

이 책을 활용함으로써 당신 부부가 기쁨의 갭을 줄이고 기쁨 가득한 가정을 가꾸는 새 모험을 시작하기를 바란다. 기억하라. 지금보다 훨씬 더 즐거울 수 있다.

추가 자료

Chris Coursey, *Transforming Fellowship: 19 Brain Skills That Build Joyful Community* (Holland, MI: Coursey Creations, LLC, 2016).

Chris and Jen Coursey, *30 Days of Joy for Busy Married Couples* (Holland, MI: Coursey Creations, LLC, 2013).

C. Coursey, E. Khouri, S. Sutton & E. J. Wilder, *Joy Starts Here: The Transformation Zone* (East Peoria, IL: Shepherd's House, 2013).

Marcus Warner and Jim Wilder, *Rare Leadership: Four Uncommon Habits for Increasing Trust, Joy, and Engagement in the People You Lead* (Chicago: Moody Publishers, 2015).

Marcus Warner, *Slaying the Monster: Six Battle Strategies for Overcoming Pornography* (Carmel, IN: Deeper Walk International, 2016).

Marcus Warner, *Understanding the Wounded Heart* (Carmel, IN: Deeper Walk International, 2013).

The 4 Habits of Joy-Filled Marriages: A Small Group Curriculum. Coming Fall of 2019. 이 책 저자 부부들을 초빙한 'Thrive Today and Deeper Walk International'에서.

Gary Chapman, *The 5 Love Languages: The Secret to Love That Lasts* (Chicago: Northfield, 2015). 게리 채프먼, 《5가지 사랑의 언어》(생명의말씀사 역간).

HappyHappyMarriage.org에서 행복한 가정을 위해 기쁨의 연료를 채워 주는 유용한 자료들을 찾을 수 있다.

감사의 말

이 책의 개념을 들고 우리에게 찾아와 준 듀앤 셔먼에게 특별히 감사의 말을 전하고 싶다. 우리에게 영향을 미치고 영감을 준 친구이자 동료인 짐 와일더 박사에게도 감사해야 마땅하다. 이 책은 뇌과학과 기쁨, 가정에 관한 와일더와의 소통과 교류에서 시작되었다. 오랫동안 우리를 이끌어 준 와일더에게 큰 빚을 졌다.

결혼에 관한 책에서 기꺼이 사례가 되어 주고 이 책을 쓰는 내내 우리를 지지해 준 우리 아내들에게도 감사한다.

주

들어가며.

1. 기쁨이 어떻게 뇌의 이상적인 연료로 작용하는지 더 알고 싶다면 Marcus Warner and Jim Wilder, *Rare Leadership: 4 Uncommon Habits for Increasing Trust, Joy, and Engagement in the People You Lead* (Chicago: Moody Publishers, 2016)를 보라.

2. 이 이야기는 E. James Wilder 외, *Joy Starts Here: The Transformation Zone* (East Peoria, IL: Shepherd's House, 2013), 24-25에서 가져왔다.

3. 이 인용문은 저자가 개인 이메일로 받은 것이다.

____ **Part 1**

1. '같이 있으면서도 외로운' 순간이 찾아진다면

1. 도파민은 행복감을 일으키는 호르몬이다. 하지만 그 효과는 호르몬이 작용하는 동안만 이어지며, 온갖 경험에서 비롯할 수 있기 때문에 애착 형성에는 그리 도움이 되지 않는다. 옥시토신은 서로 연결된 느낌과 함께하고 싶은 마음을 생기게 하기 때문에 "사랑 호르몬"으로 불린다. 옥시토신은 주로 특정한 한 사람과 접촉함으로써 분비되어 그 사

람과의 유대감을 형성한다.

2. '기쁨의 뇌과학'에서 한 줄기 빛을 만나다

1. 애착 이론은 유아기 발달 이론의 기초가 되어 왔다. 애착, 트라우마, 성숙이 어떤 역할을 하는지 알고 싶다면 짐 와일더 박사의 지도하에 캘리포니아주 반 누이스(Van Nuys)에 있는 셰퍼드하우스카운슬링센터 (Shepherd's House Counseling Center)에서 개발한 '인생모델'(The Life Model)을 추천한다.

2. 예일신학교(Yale Divinity School)는 기쁨의 신학에 관한 연간 콘퍼런스를 시작했다. 〈사이콜로지 투데이〉(*Psychology Today*)지는 이 주제에 관한 글을 많이 실었다. 예를 들어 다음을 보라. Emma M. Seppala, "The Science behind the Joy of Sharing Joy" *Psychology Today*, 2013년 7월 15일, https://www.psychologytoday.com/us/blog/feeling-it/201307/the-science-behind-the-joy-sharing-joy.

3. 뇌 자석은 측좌핵(nucleus accumbens)과 시상(thalamus), 그리고 대뇌변연계(limbic system)를 뇌에 연결시키는 신경회로(neurocircuitry)를 말한다. 측좌핵은 뇌의 고통과 쾌락 중추로, 사랑하는 사람과 연결될 때 쾌감을 느낀다. 반대로 원하는 것을 얻지 못할 때는 죽을 것 같은 기분에 사로잡힌다.

4. 뇌의 이 부분을 우측 안와전전두피질(right orbital prefrontal cortex)이라 부르며, 위치는 오른쪽 눈 바로 뒷부분이다.

5. 이 네 가지 특별한 습관에 관한 완전한 설명을 보려면 Marcus Warner and Jim Wilder, *Rare Leadership: 4 Uncommon Habits for Increasing Trust, Joy, and Engagement in the People You Lead* (Chicago: Moody Publishers, 2016)를 보라.

6. Karl Lehman, *Outsmarting Yourself: Catching Your Past Invading the Present and What to Do about It* (Libertyville, IL: This Joy! Books, 2011).

7. 이에 관해 더 알고 싶다면 뇌과학을 기반으로 한 열아홉 가지 관계 기술을 다룬 Warner and Wilder, *Rare Leadership* 또는 Chris Coursey, *Transforming Fellowship* (Scotts Valley, CA: CreateSpace Independent Publishing Platform, 2018)을 보라.

3. 무심결에 새고 있는 '기쁨의 누수'를 막으라

1. "고수 가정"과 "파국 가정"에 관해 더 알고 싶다면 gottman.com을 방문해 보라.

Part 2

슬기로운 부부 습관 하나. 함께 놀다

1. 이 부부는 가정과 사역에 관한 책을 썼다. Tom and Sandi Blaylock, *Marriage on Mission: How Strengthening Your Marriage Multiplies Your Missional Impact* (n.p.: Missional Challenge, 2016)를 보라.

2. 관계 회로는 1부 2장에서 설명했다.

3. Chris Coursey, *Transforming Fellowship* (Scotts Valley, CA: CreateSpace Independent Publishing Platform, 2018), 140-141.

슬기로운 부부 습관 둘. 감정에 귀를 기울이다

1. Smalley Institute 웹사이트는 이 DVD 세트를 "역대 최고 베스트셀러 동영상 시리즈"로 광고한다. 원래는 1993년 Gary Smalley Seminars, Inc에서 "사랑하는 관계를 위한 숨은 열쇠들"(Hidden Keys to Loving Relationships)이라는 제목의 VHS 시리즈로 출시되었다.

2. 해결되지 않은 고통은 주로 암묵 기억에서 비롯한다. 이 과정에 관해 더 알고 싶다면 Lehman, *Outsmarting Yourself*를 보라. "마음 시력"에 관해 더 알고 싶다면 대니얼 시겔(Daniel Siegel) 박사의 저작을 보라. 시겔 박사는 다른 사람의 마음을 이해하는 능력을 가리켜 "마음 시력"이라는 용어를 처음 사용한 사람이다. drdansiegel.com.

슬기로운 부부 습관 셋. 매일 감사하다

1. Prathik Kini, Joel Wong, Sydney McInnis, Nicole Gabana, Joshua W. Brown, "In the News: Gratitude," https://www.indiana.edu/~irf/home/in-the-news/.

2. Dr. Christian Jarrett, "How Expressing Gratitude Might Change Your Brain," 2016년 1월 12일, https://www.aol.com/article/2016/01/12/how-expressing-gratitude-might-change-your-brain/21295708/.

슬기로운 부부 습관 넷. 리듬을 기르다

1. 세계 행복 보고서(World Happiness Report)는 2013년과 2016년, 덴마크를 세계에서 가장 행복한 나라로 꼽았다. Oliver Smith, "Denmark Regains Title of 'World's Happiest Country,'" 2016년 3월 16일, https://www.telegraph.co.uk/travel/news/denmark-regains-title-ofhappiest-country/.

2. "Denmark has the best work-life balance in Europe," http://studyindenmark.dk/news/denmark-has-the-best-work-life-balance-in-europe.

3. Marie Helweg-Larsen, "Why Denmark Dominates the World Happiness Report Rankings Year after Year," 2018년 3월 20일, https://theconversation.com/why-denmark-dominates-the-world-happiness-report-rankings-year-after-year-93542.